MUSÉE DES BEAUX-ARTS DE MONTRÉAL

PAGE DE GAUCHE
CLAUDIO PARMIGGIANI
Vénus de Montréal
1999, plâtre et papillon, 71,5 x 27,5 x 32 cm. Achat, fonds de la Campagne du Musée, 1988-1993.

EN COUVERTURE
SERGE LEMOYNE
Dryden
[détail], 1975, acrylique sur toile, 224 x 346 cm. Achat, fonds de l'Association des bénévoles du Musée des beaux-arts de Montréal.

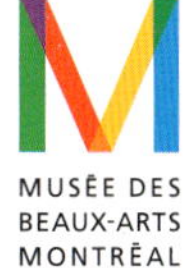

UN GRAND MUSÉE
AU CŒUR D'UNE GRANDE VILLE

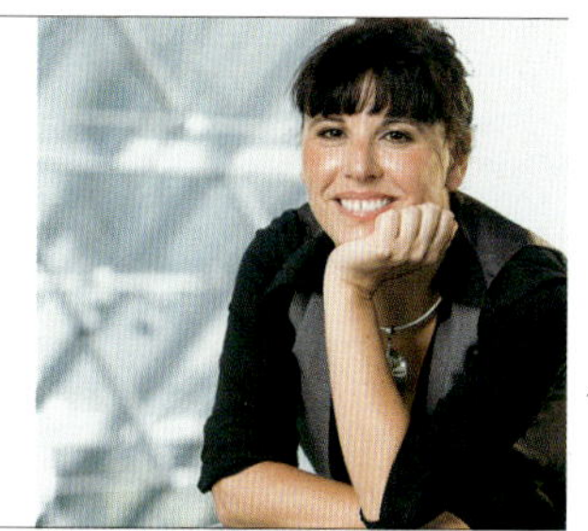

ENTREVUE AVEC NATHALIE BONDIL, DIRECTRICE ET CONSERVATRICE EN CHEF DU MUSÉE DES BEAUX-ARTS DE MONTRÉAL

Avec une fréquentation en hausse et un record fracassant de membres, une programmation originale et des expositions qui tournent à travers le monde («Cuba », «Warhol Live», «Tiffany», «Jean Paul Gaultier»...), une active politique d'acquisition d'œuvres d'art et une campagne majeure en cours, Nathalie Bondil, à la tête du Musée depuis cinq ans, nous dévoile les ressorts du chantier d'expansion et du redéploiement complet des collections qui s'opéraient en coulisses et aujourd'hui révélés.

En 2011, le Musée fait peau neuve. Collections réinstallées dans leur intégralité, nouveau pavillon dédié à l'art québécois et canadien, vaste salle de concert dans une église de 1894 complètement restaurée, comment réinventer une institution qui a plus de 150 ans?

NATHALIE BONDIL : Le pari était double : donner une visibilité à ce Musée dont l'architecture est morcelée en quatre édifices d'époques différentes tout en renforçant la lisibilité des collections à vocation encyclopédique, unique au Québec comme au Canada. Grâce à cette expansion, chaque collection trouve par un effet de «pavillon» communicant son centre de gravité : cultures du monde, maîtres anciens jusqu'à l'art contemporain, arts décoratifs et design et, bien entendu, art québécois et canadien dont la surface d'exposition est plus que doublée. Pour assurer une continuité symbolique et esthétique, le choix du marbre blanc à l'extérieur s'est imposé, déjà utilisé pour deux bâtiments. Les architectes montréalais Provencher Roy + Associés ont d'ailleurs exploité le marbre de la carrière du Vermont utilisé pour le premier édifice en 1912!

L'évolution architecturale du Musée avec son développement pavillonnaire est un exemple étonnant, beaucoup d'institutions européennes et américaines occupant des lieux homogènes. Son histoire se confond avec Montréal, l'institution tissant un dialogue organique – et non étatique – avec la métropole suivant un destin volontariste, forgé par des individus passionnés, collectionneurs ou amateurs, jusqu'à aujourd'hui. S'agrandissant pavillon après pavillon pendant plus de 150 ans – une ancienneté remarquable en Amérique du Nord – le Musée forme une petite cité dans la ville, un complexe patrimonial avec sa collection d'édifices qui offre un résumé de son histoire architecturale. Cette dimension est renforcée par un jardin de sculptures aujourd'hui étendu, qui délimite ses frontières, les *Cœurs* de Jim Dine inscrivant son centre emblématique.

Acquis par le Musée en 2008, ce monument historique, une église de style néoroman plus que centenaire, s'est mué au terme d'importants travaux en salle de concert de 444 places...

Au cœur de ce projet d'agrandissement, l'enjeu était la sauvegarde de l'église Erskine & American désignée «lieu historique d'intérêt national» par le ministère du Patrimoine canadien. Loin d'être une solution économique – grès et calcaire ont été restaurés pierre après pierre –, ce projet exigeant et complexe se démarque comme un exemple singulier de «recyclage» architectural. Il se présente comme une réponse ambitieuse, éthique et responsable à la situation vulnérable du patrimoine religieux au Québec face à la désaffection des communautés. L'altération du sens, conséquence inéluctable de la conversion du bâtiment, est ici palliée par la charge symbolique dont cet ancien édifice cultuel est désormais investi : sa stature iconique est préservée car c'est un projet architectural mais aussi un concept muséal.

À l'extension s'ajoute une dimension musicale inédite avec l'aménagement de la salle de concert Bourgie dans la nef, un écrin de toute beauté et d'une rare qualité acoustique. Surmontée par une grandiose coupole de type byzantin, lovée dans un décor d'inspiration Arts & Crafts, elle est embellie par un superbe ensemble de vitraux patrimoniaux, notamment vingt précieuses fenêtres des fameux ateliers Tiffany. Il s'agit là d'un ensemble sans équivalent au Canada, un patrimoine restauré désormais accessible. Il est éclairé de jour comme de nuit, procurant l'expérience d'écoute synesthésique chère à Baudelaire. Avec sa jauge spécifique pour des orchestres de chambre ou des petites formations, cette salle professionnelle répond à une scène musicale très active. Musique ancienne, de jazz ou contemporaine, son répertoire reflète la diversité encyclopédique des collections comme la programmation des expositions. Le Musée invente un dialogue original et décloisonné permettant d'explorer les liens entre musique et arts visuels avec la jeune Fondation Arte Musica, en résidence depuis 2008.

Le Musée a décidé de convertir une église en pavillon muséal, le pavillon d'art québécois et canadien Claire et Marc Bourgie : quels sont les partis pris muséographiques?

Cette riche collection se démarque par sa profondeur historique, celle du Québec, et son amplitude géographique, celle du Canada. Récemment complétée par des dons majeurs et suite à une campagne de restauration considérable, ce sont quelque 600 œuvres qui y sont dorénavant exposées. Elle gagne ici une monumentalité symbolique en déroulant le fil chronologique et thématique d'un «théâtre de la mémoire» avec une scénographie déployée sur six niveaux : les structures glaciaires pour l'Art inuit dans la verrière zénithale ; la chapelle et la forêt, lieux de culte et de cultures coloniale et amérindienne pour les Identités fondatrices ; une salle de style beaux-arts, académique et prestigieuse, avec son accrochage serré de tableaux et une plate-forme centrale pour caractériser la «statuomanie» de l'Époque des Salons ; les Chemins de la modernité s'ouvrent avec une perspective qui dit la vitesse d'une société urbaine et l'affirmation des artistes dans les alcôves marchandes ; puis la stratégie du cube et les dogmes d'une génération en rébellion, celle de Borduas et de Riopelle qui signent le Temps des manifestes ; enfin, une impressionnante galerie souterraine, creusée à même le roc du Mont-Royal, déploie les monuments d'un art en action, les Champs libres, pour aboutir à la scène actuelle particulièrement dynamique.

En parallèle, chaque collection permanente est redistribuée dans un pavillon, étudiée dans de nouvelles publications scientifiques :

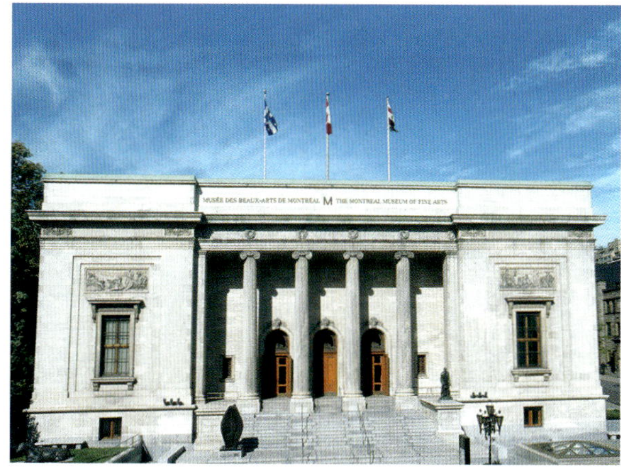

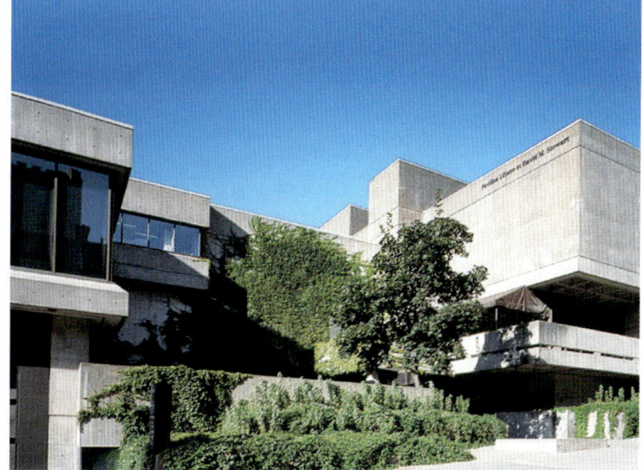

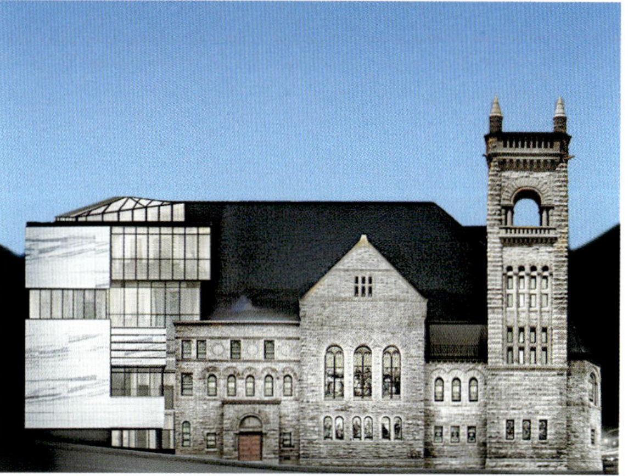

DE GAUCHE À DROITE ET DE HAUT EN BAS

Pavillon des cultures anciennes (Michal et Renata Hornstein) Rue Sherbrooke, coté nord, architectes : Edward et WS Maxwell, 1912.

Pavillon des arts décoratifs et du design (Liliane et David M. Stewart) Avenue du Musée, architecte : Fred Lebensold, 1976.

Pavillon des beaux-arts Jean-Noël Desmarais Rue Sherbrooke, coté sud, architecte : Moshe Safdie, 1991.

Pavillon d'art québécois et canadien (Claire et Marc Bourgie) et salle de concert Bourgie Avenue du Musée, architecte : Provencher Roy + Associés, 2011.

Comment renouveler l'expérience de la visite dans le cadre de ce redéploiement intégral ?

Le Musée possède cette particularité d'être, au sens anglophone du terme, un *museum* (cultures du monde, arts décoratifs et design) et une *gallery* (beaux-arts, des maîtres anciens à l'art contemporain). Cette double nature s'est construite au fil du XXe siècle car ce sont des volontés individuelles qui ont dessiné l'identité pluridisciplinaire et l'encyclopédisme des collections d'une institution en constante mutation. Finalement, cette pluralité est à l'image de Montréal l'insulaire, un havre plutôt qu'un ghetto, une ville américaine et européenne : première ville francophone après Paris, elle est aujourd'hui davantage trilingue que bilingue. Multiculturelle et multiethnique, c'est une métropole singulièrement affranchie, décomplexée… En un mot : créative.

D'accès gratuit, la diversité des collections autorise une variété d'approches muséographiques, autant de sésames pour faire (re)découvrir les œuvres. Avec l'art québécois et canadien, c'est l'histoire d'un pays, une mission éducative nécessaire quand cet apprentissage reste limité. Les arts décoratifs, le design et la mode permettent d'expliquer facilement les techniques ; ils autorisent des rapprochements transhistoriques, des combinaisons ludiques de formes et de styles parce que leur objet est immédiatement identifiable ; ils constituent une carte maîtresse pour développer de nouveaux publics, le Musée ayant la chance de posséder des collections remarquables à l'échelle américaine (artisanat, design industriel, prototypes). Les cultures du monde sont plus restreintes, quoiqu'en développement : des partenariats audacieux entre différentes collections montréalaises (entreprise, universitaire et muséale) permettent d'opérer une sélection rigoureuse au seul profit de la qualité : c'est le cas pour l'art africain.

C'est une richesse inestimable aujourd'hui car ces œuvres ne sont plus sur le marché, le Musée possède des maîtres anciens, impressionnistes, modernes, un ensemble irremplaçable au Canada, unique au Québec. Cette collection permet d'aborder une histoire du goût, le sentiment classique, baroque, romantique, la musique et la littérature, complétant cette expérience de délectation. Enfin et par sa nature, l'art contemporain, international, hybride, métissé, fait l'objet d'une présentation renouvelée chaque année suivant des thématiques transversales jugées pertinentes, actuelles, nécessaires. L'art est polyglotte : à nous de lui faire parler différentes langues pour élargir le champ des interprétations et multiplier les passerelles d'accès.

En plus d'être très actif sur le plan des collections, le Musée affirme sa politique dynamique en termes d'accueil des publics, scolaire ou famille, et ses partenariats avec 300 organismes communautaires.

Montréal est une ville qui vit la culture au quotidien, elle ne s'y achète pas, elle s'y crée. La créativité y est débordante dans de multiples domaines – cinéma, théâtre, musique, cirque, danse. La culture est un enjeu vital au Québec qui promeut son identité particulière sur le continent nord-américain. Le fait linguistique d'une nation ajouté au cosmopolitisme affirmé d'une métropole d'immigrants et d'étudiants sont les ingrédients de ce «bouillon de culture». Cette hyperactivité est remarquable : elle déborde largement ses frontières pour une masse de population somme toute restreinte au Québec (près de 8 millions de personnes dont la moitié vit dans le Grand Montréal).

Transmettre ces humanités quand l'éducation favorise les savoir-faire sur les savoir-être, passe par une politique éducative volontaire et le développement d'outils pédagogiques. L'agrandissement, prévu à l'automne 2012, de nos espaces éducatifs permettra, nous l'espérons, de doubler ces fréquentations. Le Musée cherche aussi à s'externaliser pour rejoindre chez eux, dans leurs classes, les élèves et les étudiants. Les travaux sont herculéens. Deux exemples : partenariat avec une maison d'édition de manuels scolaires à qui sont offerts les droits de reproduction des images de nos collections ; affiches de nos chefs-d'œuvre données aux écoles, à la fois icônes d'un patrimoine commun et poster à message engagé. Avec son équipe – extraordinairement engagée à tous les niveaux – et ses centaines de bénévoles, le Musée veut s'inscrire dans un projet collectif et symbolique, et défendre les valeurs d'une démocratie participative et citoyenne.

Je finirai en citant Albert Camus qui nous indique la voie à suivre : «Les mythes n'ont pas de vie par eux-mêmes. Ils attendent que nous les incarnions. Qu'un seul homme au monde réponde à leur appel et ils nous offrent leur sève intacte.» (*L'Été*)

Propos recueillis par Malika Bauwens

DES CULTURES ANCIENNES À L'ART CONTEMPORAIN

Sculptures antiques, tableaux de maîtres européens et américains, depuis l'Égypte ancienne jusqu'à l'ère contemporaine, le Musée des beaux-arts de Montréal lève un voile sur la richesse d'un patrimoine artistique universel. Visite guidée.

CI-DESSOUS
DE GAUCHE À DROITE

Sarcophage d'Isis-Weret joueuse de sistre du dieu Min
Période ptolémaïque (332-30 av.-J.-C.), bois sculpté et peint sur enduit de plâtre, 40 x 53 x 180 cm.
Don de l'Honorable Serge Joyal CP, OC.

Bodhisattva debout ou bodhisattva Maitreya
Époque Kushans, IIIe siècle, schiste gris, 186,5 x 42 x 30,2 cm.
Achat, legs Horsley et Annie Townsend.

Statue de l'Apollon Chigi
D'après un original grec, 2e quart du IIe siècle, marbre de Paros, 136 x 56 x 35,5 cm.
Achat, fonds de la Campagne du Musée 1988-1993, fonds de l'Association des bénévoles du Musée des beaux-arts de Montréal et don anonyme.

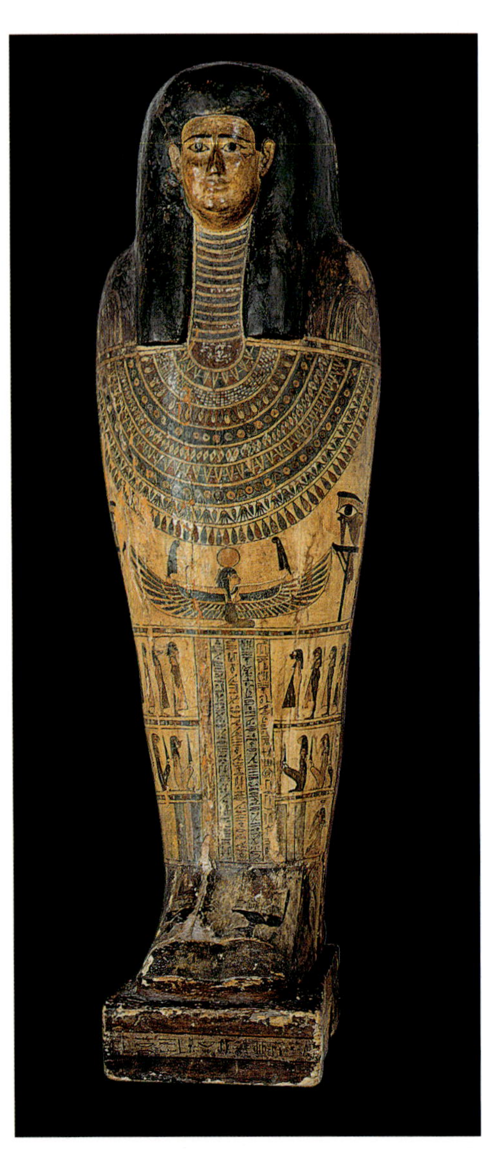

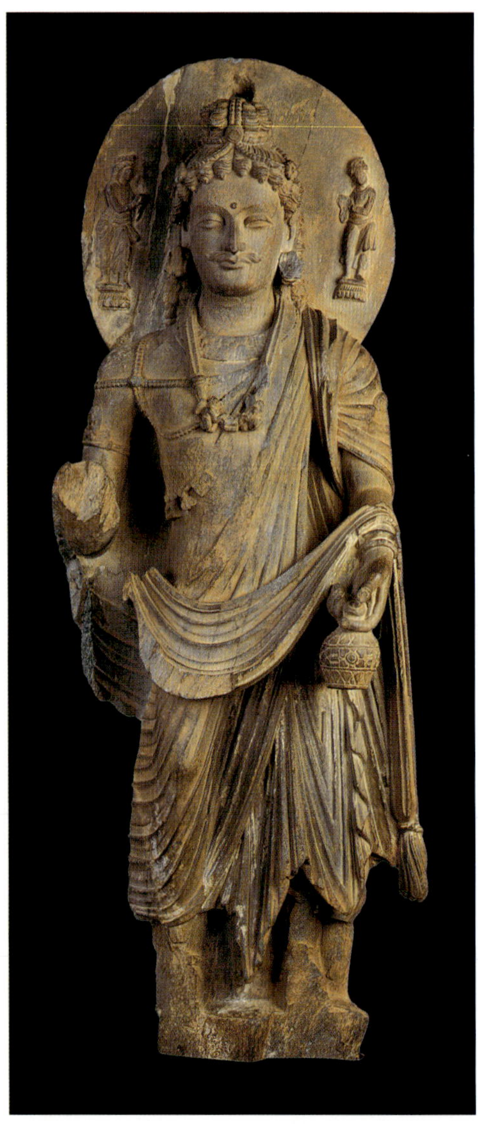

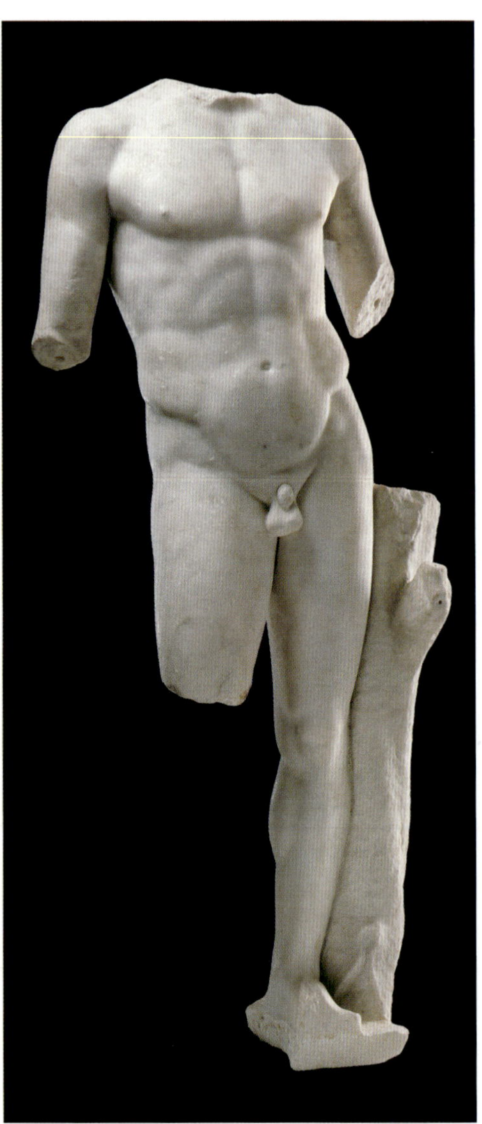

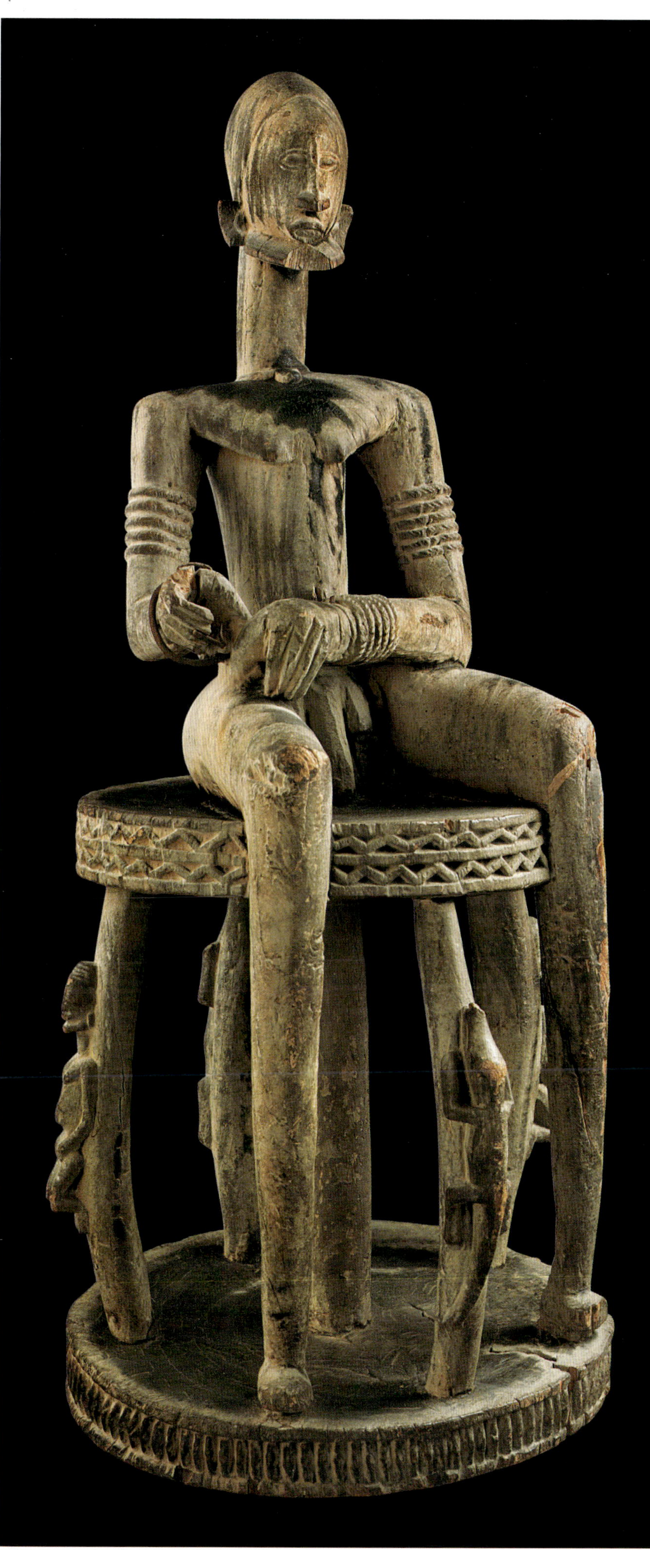

Figure masculine dogon n'duleri
2e moitié du XVIIe siècle, prov. Mali, plateau de Bandiagara, bois et métal, haut. 94 cm, diam. 40,6 cm.
Achat, legs Horsley et Annie Townsend.

FIGURES TUTÉLAIRES

Dans toutes les civilisations du monde antique, les religions ont conduit les peuples à repousser les limites de la recherche esthétique pour incarner leurs divinités. En Égypte ancienne, le sarcophage d'une musicienne sacrée [ill. page de gauche, à gauche] est richement décoré de dieux du monde inférieur et de gardiens protecteurs. Nout, mère du soleil et déesse de la voûte céleste, étend ses ailes pour régénérer la défunte dans l'au-delà. Inspiré par un modèle grec antérieur et sculpté dans le précieux marbre de l'île de Paros, l'un des plus recherchés dans l'Antiquité, cette sculpture romaine [ill. page de gauche, à droite] impressionne par son parfait naturel et son humanité. Il s'agit d'une rare représentation d'Apollon, le dieu des arts dans la mythologie gréco-romaine. Le conquérant Alexandre le Grand a propagé le style grec loin sur la Route de la Soie. Cette sculpture d'un bodhisattva [ill. page de gauche, au centre], un saint homme bouddhiste, provenant de Gandhâra en Inde, témoigne superbement de ce métissage des styles, entre hiératisme oriental et naturalisme méditerranéen. L'art africain ancien de la civilisation dogon possède aussi cette qualité immémoriale des œuvres qui traversent le temps. Les Dogons laisseront sur la falaise de Bandiagara, au Mali, de rares chefs-d'œuvre en bois dur patiné, telle cette figure monumentale [ill. ci-contre]. Le tabouret sur lequel est assis un homme de haut rang reflète la cosmogonie dogon : le toit de l'Univers est relié à la Terre par un pilier central, entouré des figures des Jumeaux primordiaux et de crocodiles protecteurs.

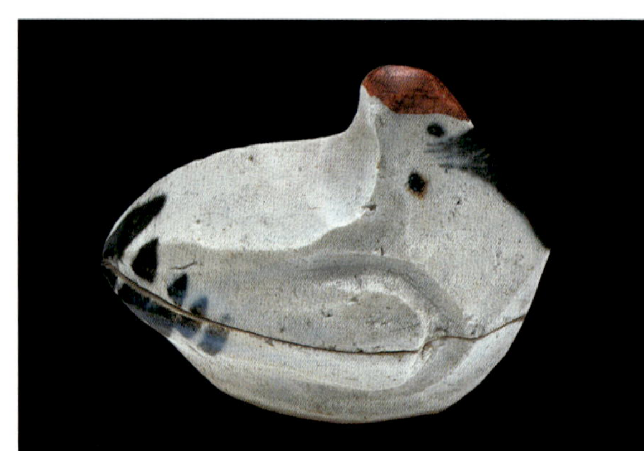

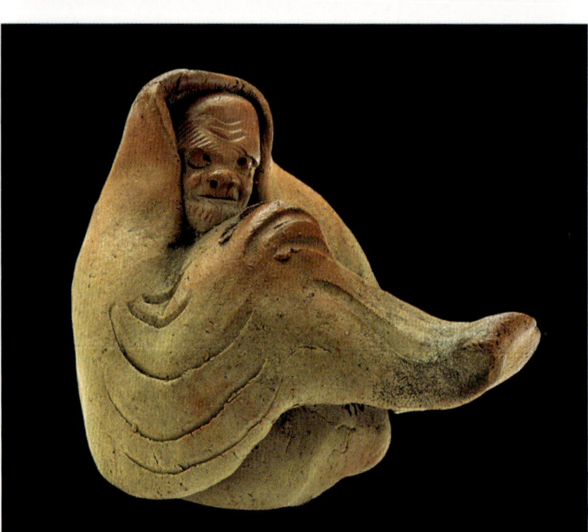

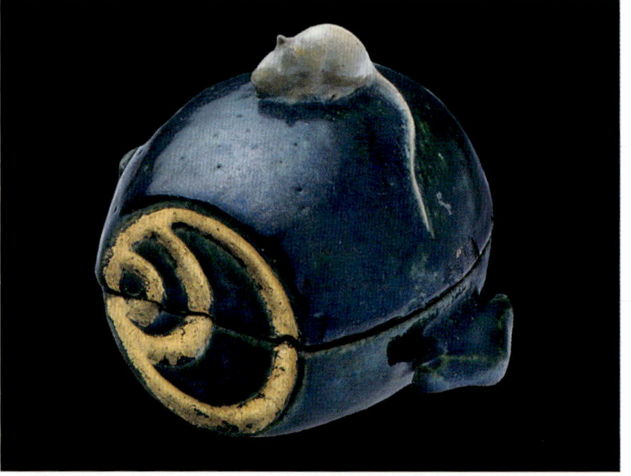

CI-CONTRE DE HAUT EN BAS

ASAMI GOROSUKE
Boîte à encens, grue
1840, poterie blanche à glaçures blanc crème et brun et décor peint en rouge, 5 x 6,7 cm.
Don de Joseph-Arthur Simard.

BIZEN-YAKI
Boîte à encens
Daruma, XIXe siècle, grès chamois à glaçure brun rougeâtre, 5,7 x 6,4 cm.
Don de Joseph-Arthur Simard.

KEINYU
Boîte à encens
Kozuchi avec rat sur le couvercle, XIXe siècle, céramique chamois à glaçures vert et blanc et décor peint en or, haut. 5,3 cm.
Don de Joseph-Arthur Simard.

LA PLUS BELLE COLLECTION DE KOGOS AU MONDE

Homme d'État français, amateur éclairé de l'art de son temps et intime de l'impressionniste Claude Monet, Georges Clemenceau était aussi passionné d'art extrême-oriental. C'est sans doute dans les Salons parisiens de la Belle Époque où se rencontrent artistes, critiques et écrivains que ce contestataire-né, surnommé le Tigre, va succomber à la fièvre du japonisme déferlant alors sur l'Europe. Si Clemenceau ne mettra jamais les pieds sur les îles nippones, il rassemble une collection de boîtes à encens en céramique *(kogo)* dès 1890. Elle s'impose en à peine dix ans et jusqu'à aujourd'hui comme l'une des plus importantes au monde ! Vendus par ses héritiers au magnat canadien de l'industrie navale Joseph-Arthur Simard, ces quelque 3 000 kogos sont donnés au Musée des beaux-arts de Montréal en 1959. Ces petits objets témoignent du rituel et de l'esthétique raffinée de la cérémonie du thé. Les précieuses boîtes à encens apparaissent au Japon aux XIIe et XIIIe siècles avec la diffusion du bouddhisme dans l'archipel. Avant l'arrivée des invités, l'usage de cette cérémonie exige de purifier les lieux en brûlant de l'encens. Collectionnées et échangées comme présents, ces charmantes miniatures revêtent des formes infinies : anthropomorphes [ill. au centre] ou zoomorphes tel ce petit rat blanc [ill. ci-contre], messager auprès du divin, ou cette grue symbole de longévité [ill. en haut].

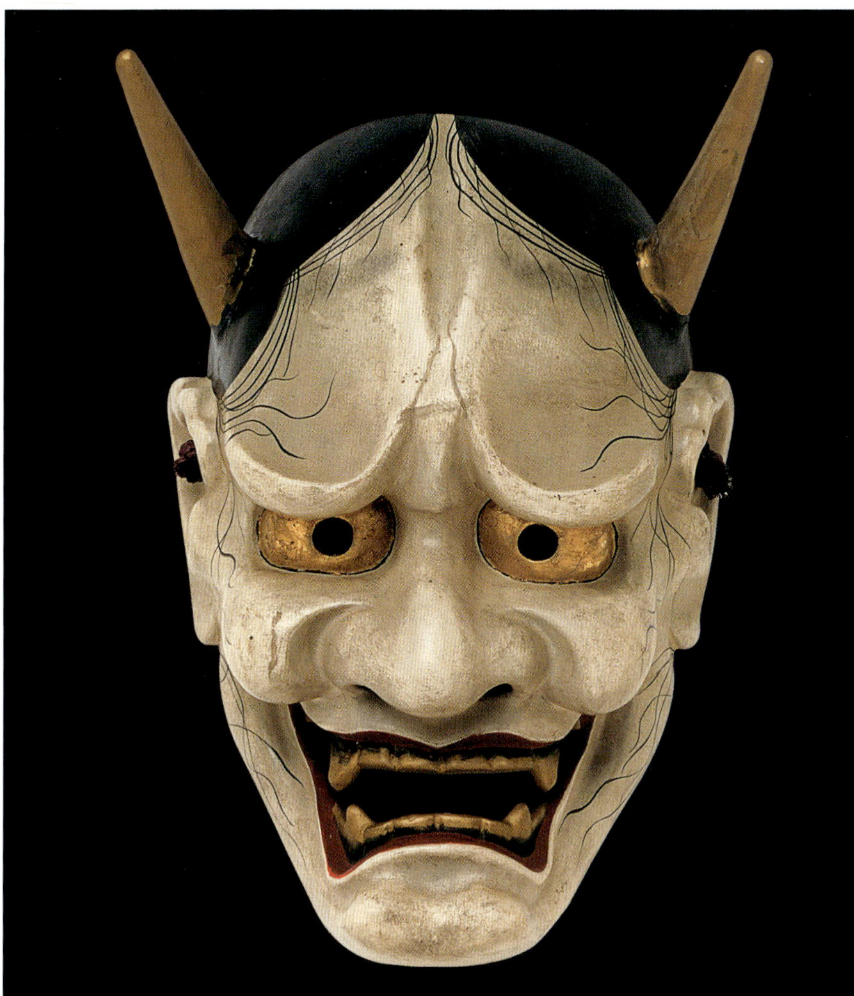

CI-CONTRE

Masque

Japon, fin XIXe-début XXe siècle, bois sculpté, laque, cire, 23,4 x 17,1 cm. Don de M. et Mme Gerald W. Birks.

CI-DESSOUS DE GAUCHE À DROITE ET DE HAUT EN BAS

Masque de Teotihuacán

200-600 av. J.-C., pierre. Achat, don de Mlle Mabel Molson.

Masque féminin mmwo

Afrique (Igbo), début du XXe siècle, bois sculpté et peint, haut. 22,4 cm. Don de Guy Laliberté à l'occasion du 150e.

Masque-heaume à cimier pour cérémonie malanggan

Papouasie Nouvelle-Guinée, fin XIXe-début XXe siècle, bois sculpté et peint, incrustation de coquillages operculés, fibres, 43,2 x 17 x 43,2 cm. Don de Justin et Elizabeth Lang.

JULES DESBOIS

Masque

Vers 1890, grès émaillé, 40 x 13,5 x 13,5 cm. Achat, fonds de la Campagne du Musée 1988-1993.

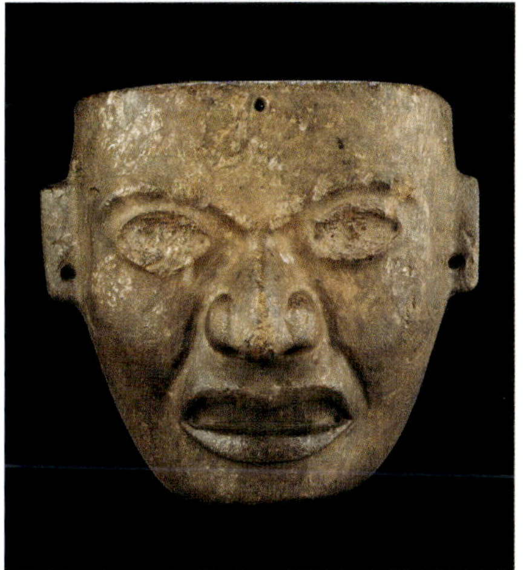

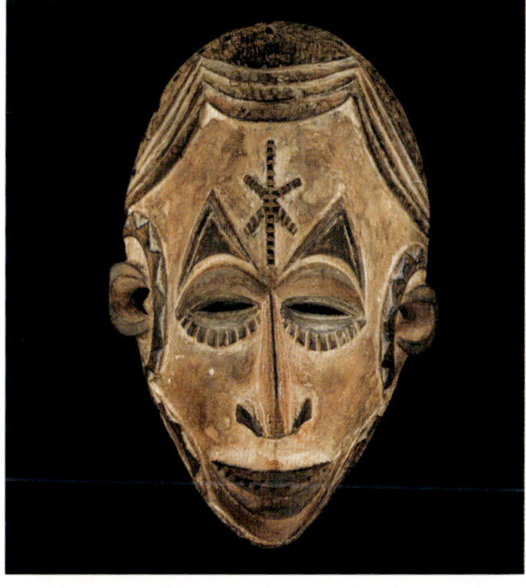

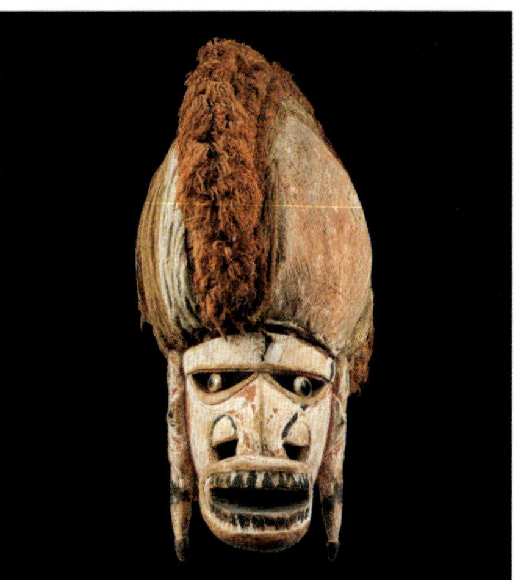

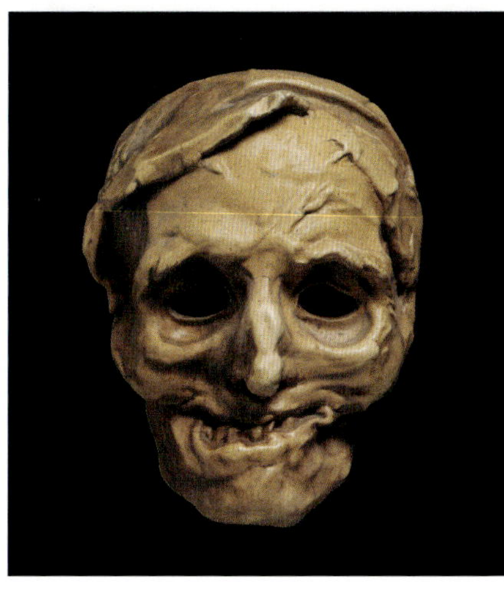

LE MUSÉE IMAGINAIRE

Invoquer les dieux ou les forces de la nature, affirmer son pouvoir ou simplement se divertir : le masque est un accessoire aux formes et aux fonctions multiples, sans doute l'une des plus anciennes expressions plastiques des sociétés humaines. Porteurs de symboles différents, certains font partie de la panoplie du guerrier ou du chasseur, d'autres incarnent des ancêtres, des rois, des génies de la nature. Un masque comme celui de Teotihuacán [ill. ci-contre en haut à gauche] représente une divinité ou un ancêtre mythique : il était sans doute fixé à un ballot funéraire contenant la dépouille d'un défunt à honorer. Les masques sont investis d'un pouvoir symbolique dans le franchissement des étapes de la vie : naissance, mariage, funérailles. Ainsi des masques à effigie féminine de la société secrète Mmwo au sud-est du Nigeria [ill. ci-contre en haut à droite] ou de ceux de Papouasie Nouvelle-Guinée [ill. ci-contre en bas à gauche], tous deux étaient portés au cours de danses invoquant l'esprit des ancêtres. Jetant également un pont entre mondes humain et surnaturel, les masques portés dans la tradition japonaise du théâtre nô mettent en scène dieux et démons. Contrairement au kabuki, davantage baroque et caricatural, la sophistication de l'expression nô, caractérisée par sa lenteur, se retrouve dans le raffinement du masque, qu'il figure un prince ou un démon [ill. ci-dessus]. Anthropomorphe, zoomorphe ou hybride… le masque fascine des générations d'artistes, d'un sculpteur marqué par le japonisme comme Jules Desbois [ill. ci-contre en bas à droite], compagnon de Rodin, jusqu'aux modernes. Ces masques nourriront la réflexion freudienne sur « l'inquiétante étrangeté de l'être ».

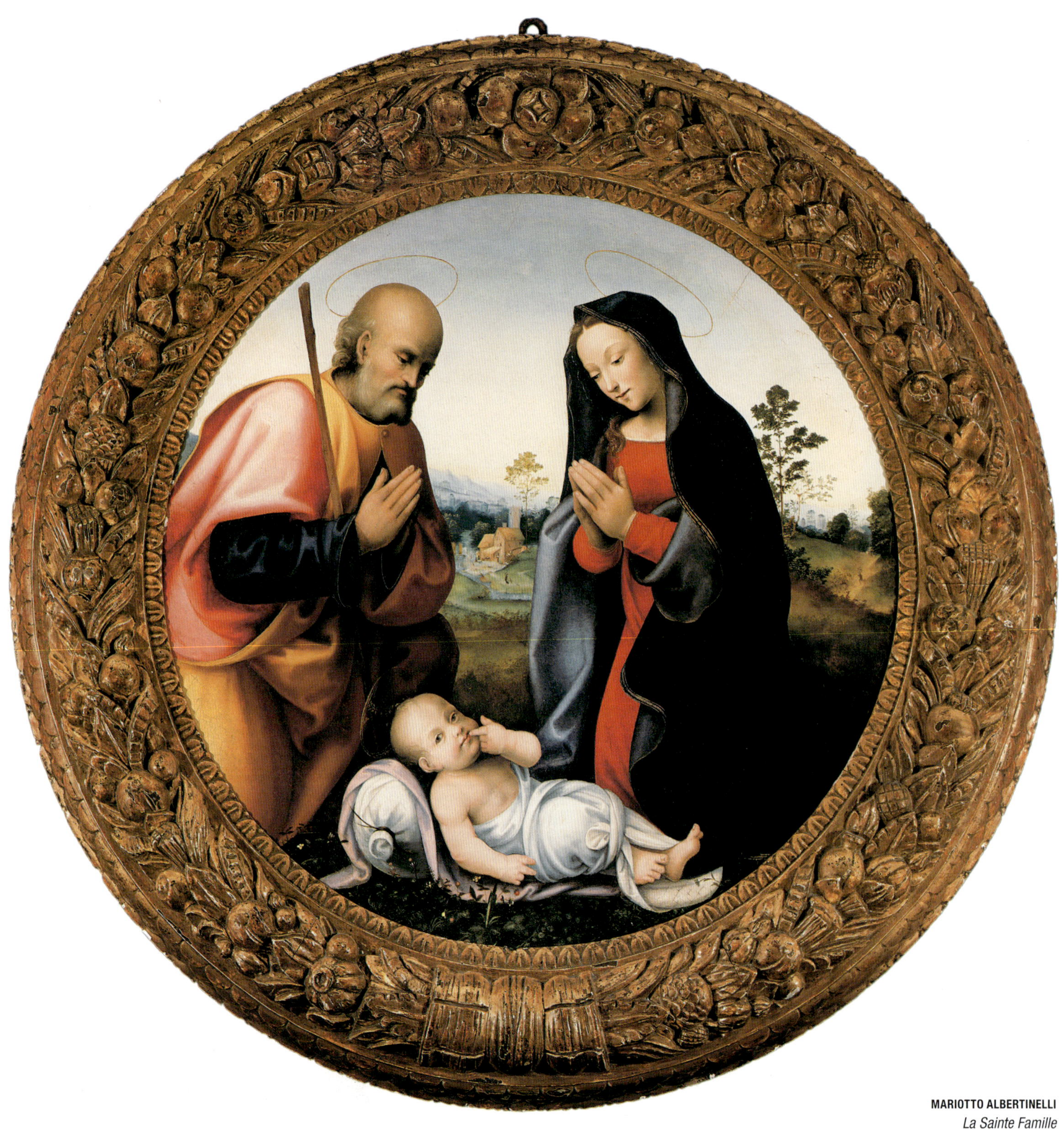

MARIOTTO ALBERTINELLI
La Sainte Famille avec l'Adoration de l'Enfant
Vers 1505, huile et détrempe sur panneau, diam. 89 cm. Achat, don de M. et Mme Michal Hornstein, fonds de l'Association des bénévoles du Musée des beaux-arts de Montréal, fonds de la Campagne du Musée 1988-1993 et fonds Deirdre M. Stevenson.

LE RÈGNE DES MADONES

Depuis les origines du christianisme, l'image de dévotion de la Vierge à l'Enfant, ou Madone, renvoyant à la Vierge Marie, mère de l'enfant Jésus, traverse les arts. Deux sculptures du Moyen Âge témoignent de l'évolution stylistique vers plus d'humanité. La statuette en bois polychrome doré est un bel exemple de style roman [ill. ci-contre]. Assise en majesté sur un trône, la Reine des Cieux et le Christ n'échangent aucun regard : ils s'imposent comme deux divinités. Postérieure, la sculpture en pierre, auparavant peinte et de style gothique [ill. ci-contre à droite], montre un adoucissement des traits, un tombé des draperies plus naturel et, surtout, une tendresse nouvelle dans les gestes. Plus tard, à l'époque de la Renaissance, la redécouverte de l'Antiquité et l'apparition de la peinture à l'huile – aux splendides et subtiles effets – permettront aux artistes d'humaniser davantage les images de Madones. Au Nord, dans la culture flamande, la Vierge montre des traits idéalisés néanmoins plus caractérisés, grand front lisse et yeux de biche suivant les canons de beauté de l'époque. Dans ce précieux panneau exécuté par un maître anonyme [ill. ci-dessus], les symboles religieux abondent : la fleur de lys renvoie à la pureté virginale tandis que le rouge de la robe évoque la reine de l'Église comme il préfigure la Passion du Christ. Au Sud, la Renaissance italienne impose son excellence pour s'ériger en modèle de l'art occidental pour les siècles à venir. Peinte à Florence, *La Sainte Famille* d'Albertinelli [ill. page de gauche] montre les deux parents, Marie et Joseph, agenouillés avec amour près de leur divin enfant. Ce *tondo* ou tableau rond, montre la science de la perspective et des volumes qui caractérise l'art du grand Raphaël. À l'arrière-plan, le paysage s'étend à perte de vue dans un rendu vaporeux directement inspiré du *sfumato* développé par Léonard de Vinci.

CI-CONTRE
MAÎTRE DE LA LÉGENDE DE SAINTE-BARBE
La Vierge de Majesté aux anges
Vers 1490, huile sur panneau, 61,6 x 43,8 cm.
Don Dr Max Stern.

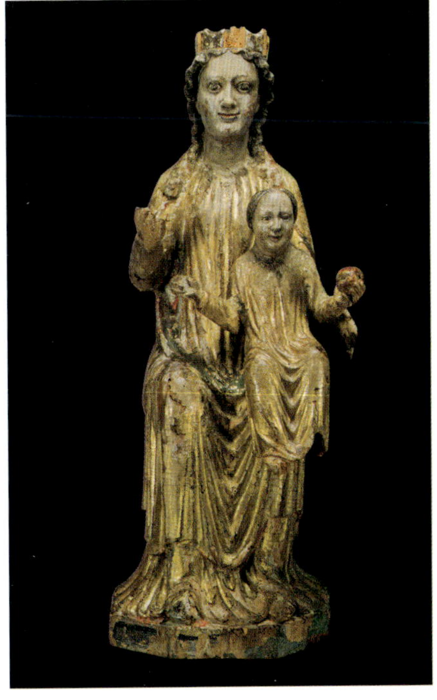

CI-DESSOUS À GAUCHE
Vierge à l'Enfant
Vers 1230, région de la Meuse, bois polychrome et doré, 66,6 x 22,2 x 24 cm.
Achat, fonds de l'Association des bénévoles et des Jeunes Associés du Musée des beaux-arts de Montréal.

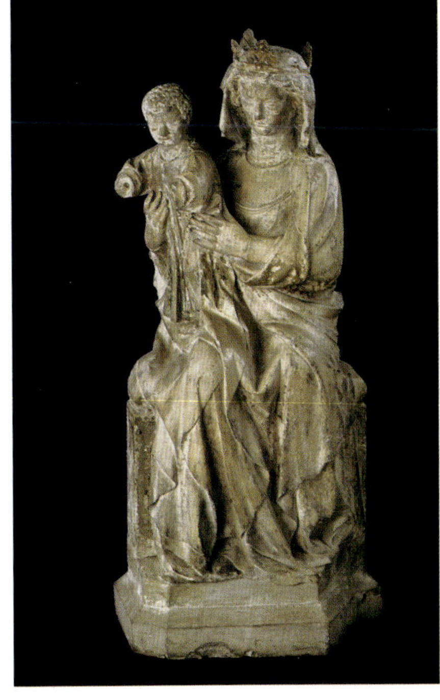

CI-DESSOUS À DROITE
Vierge à l'Enfant
1er tiers du XIVe siècle, Lorraine, calcaire, traces de dorure et de polychromie, 111 x 55 x 36 cm.
Don d'Ishou Khanna et de Juliette Fallu en hommage à M. Antoine et Mme Anne Fallu.

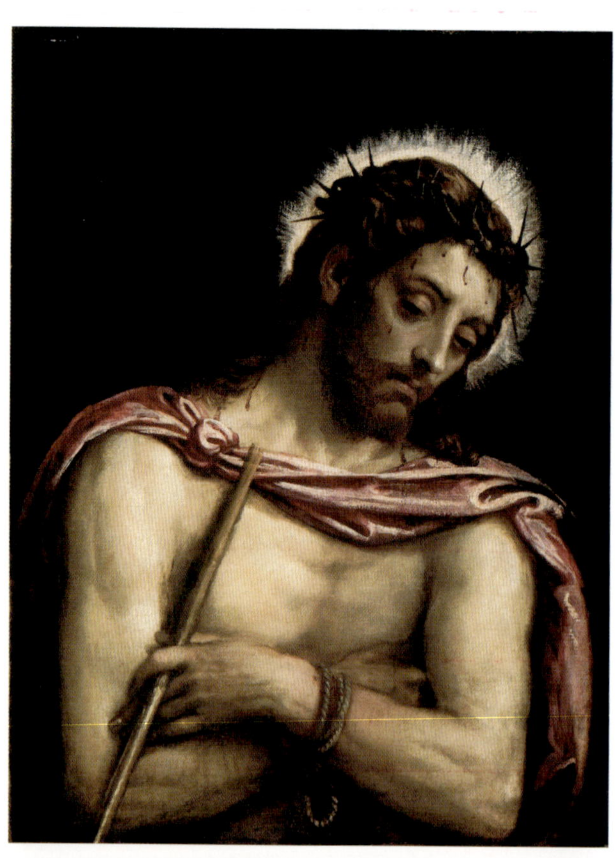

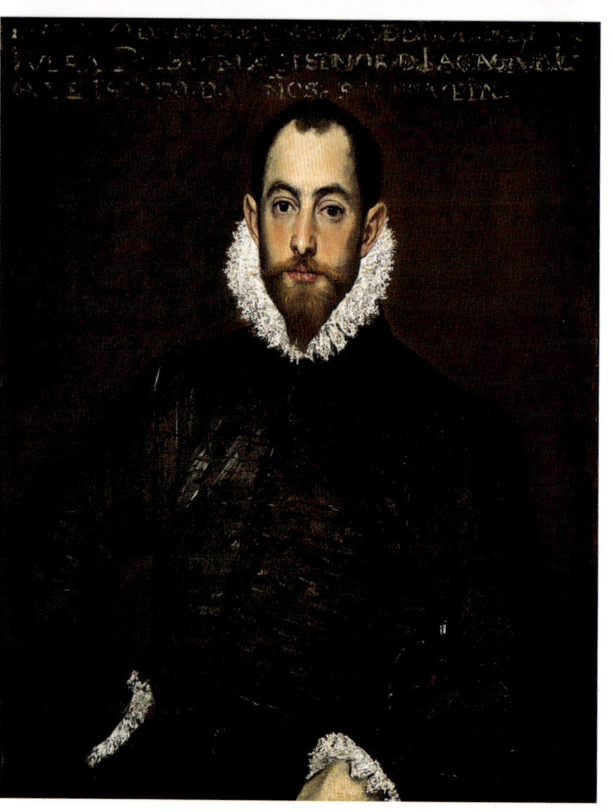

CI-CONTRE DE HAUT EN BAS
PAOLO CALIARI, DIT VÉRONÈSE
Le Christ couronné d'épines
Vers 1584-1585, huile sur toile, 75,5 x 57,3 cm. Achat, fonds des campagnes du Musée 1988-1993 et 1998-2002, don à la mémoire de Dr Alicja Lipecka Czernick et de son époux, le Dr Stanislas Czernick, fonds de l'Association des bénévoles du Musée des beaux-arts de Montréal, et legs Horsley et Annie Townsend.

DOMÍNIKOS THEOTOKÓPOULOS, DIT LE GRECO
Portrait d'un homme de la maison Leiva
Vers 1580-1585, huile sur toile, 88 x 69 cm. Legs Adaline Van Horne.

PAGE DE DROITE
HARMENSZ REMBRANDT VAN RIJN
Portrait de jeune femme
Vers 1665, huile sur toile, 56,3 x 48 cm. Legs de Mme R. Mac D. Patterson.

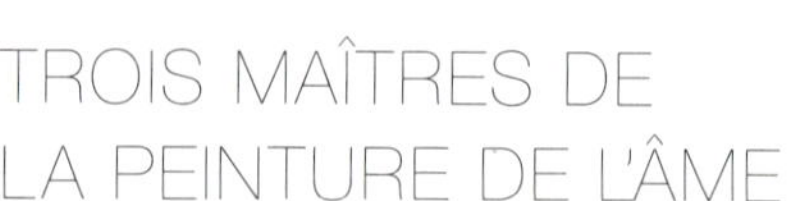

TROIS MAÎTRES DE LA PEINTURE DE L'ÂME

Véronèse, le Greco et Rembrandt ; un Italien, un Espagnol et un Hollandais qui vont bouleverser l'histoire de la peinture, explorant sur la toile les tréfonds de l'âme, inventant une peinture «humaniste». Vers la fin de sa vie, le maître vénitien Véronèse obscurcit sa touche. En cette fin du XVIe siècle, la cité des Doges est marquée par la Contre-Réforme menée par l'Église catholique en réponse à la Réforme protestante, les défaites navales contre l'Empire turc ottoman et les pandémies. Dans cette période de tourmente, les tableaux de Véronèse, auparavant éclatants de couleurs, prennent une tonalité sombre et introspective : chef-d'œuvre rare dans le répertoire de l'artiste, ce Christ à mi-corps émeut par son humanité, affichant un sentiment de résignation. Avec sa couronne d'épines et son sceptre en roseau, le «roi des Juifs» est moqué par les soldats romains [ill. ci-contre en haut]. Installé à Tolède vers 1580, le Greco a bien retenu la leçon des maîtres de la Lagune où il séjourna (notamment auprès de Titien dont il fréquenta l'atelier). Il limite sa palette aux tons bruns, noirs et blancs – tel ce portrait d'un aristocrate espagnol au visage allongé et au modelé caractéristiques du style précieux dit «maniériste» [ill. ci-contre en bas]. Reconnu comme le plus grand portraitiste de tous les temps, Rembrandt poussera à son paroxysme cet humanisme. Né plusieurs décennies après le Greco et Véronèse, le génial peintre néerlandais puise sa force expressive dans la science du clair-obscur. Des noirs et incarnats rehaussés de touches hâtives de blanc confèrent toute sa vivacité au modèle [ill. page de droite] ; un jeu de lumières ouvrant des portes sur l'âme de cette jeune inconnue.

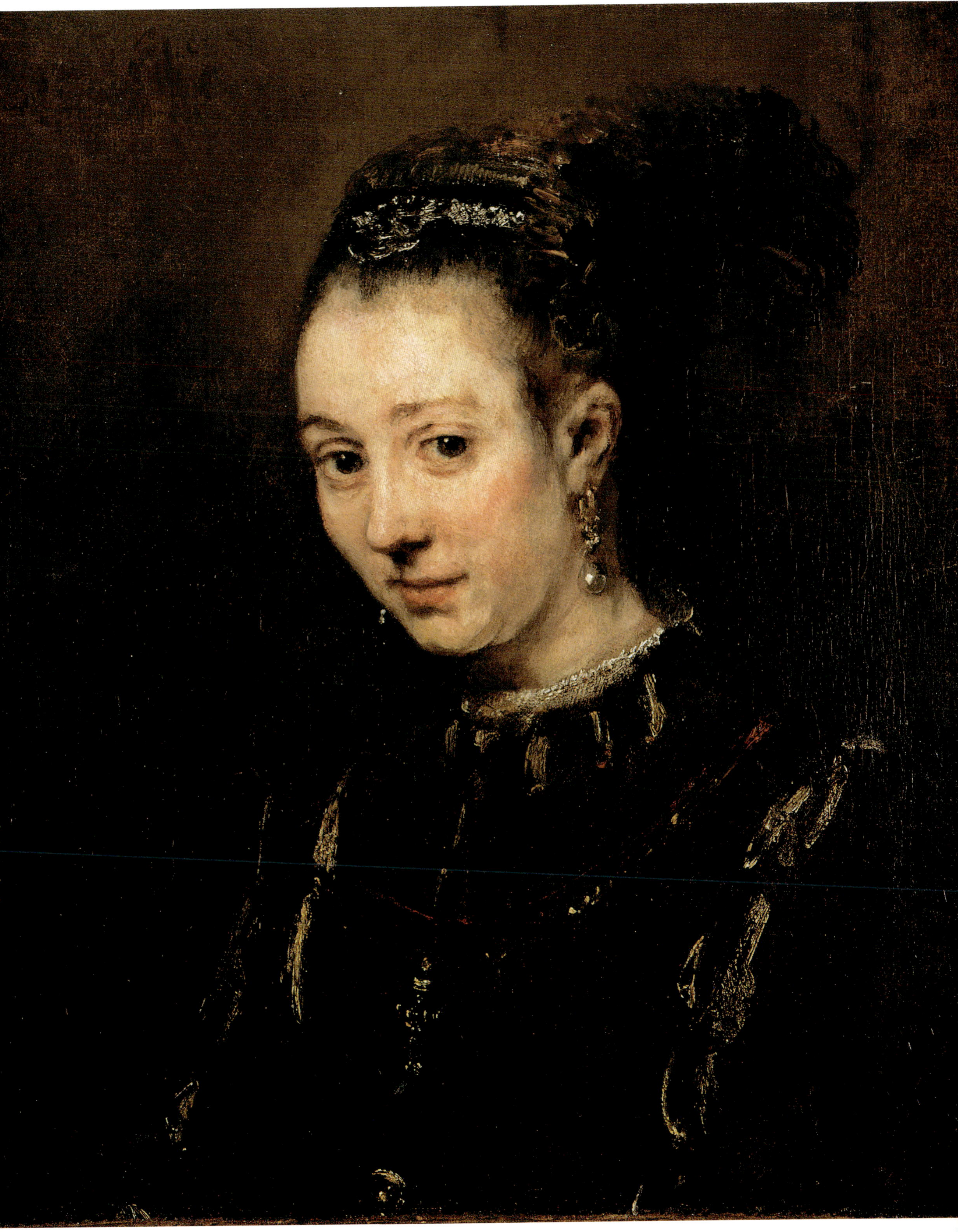

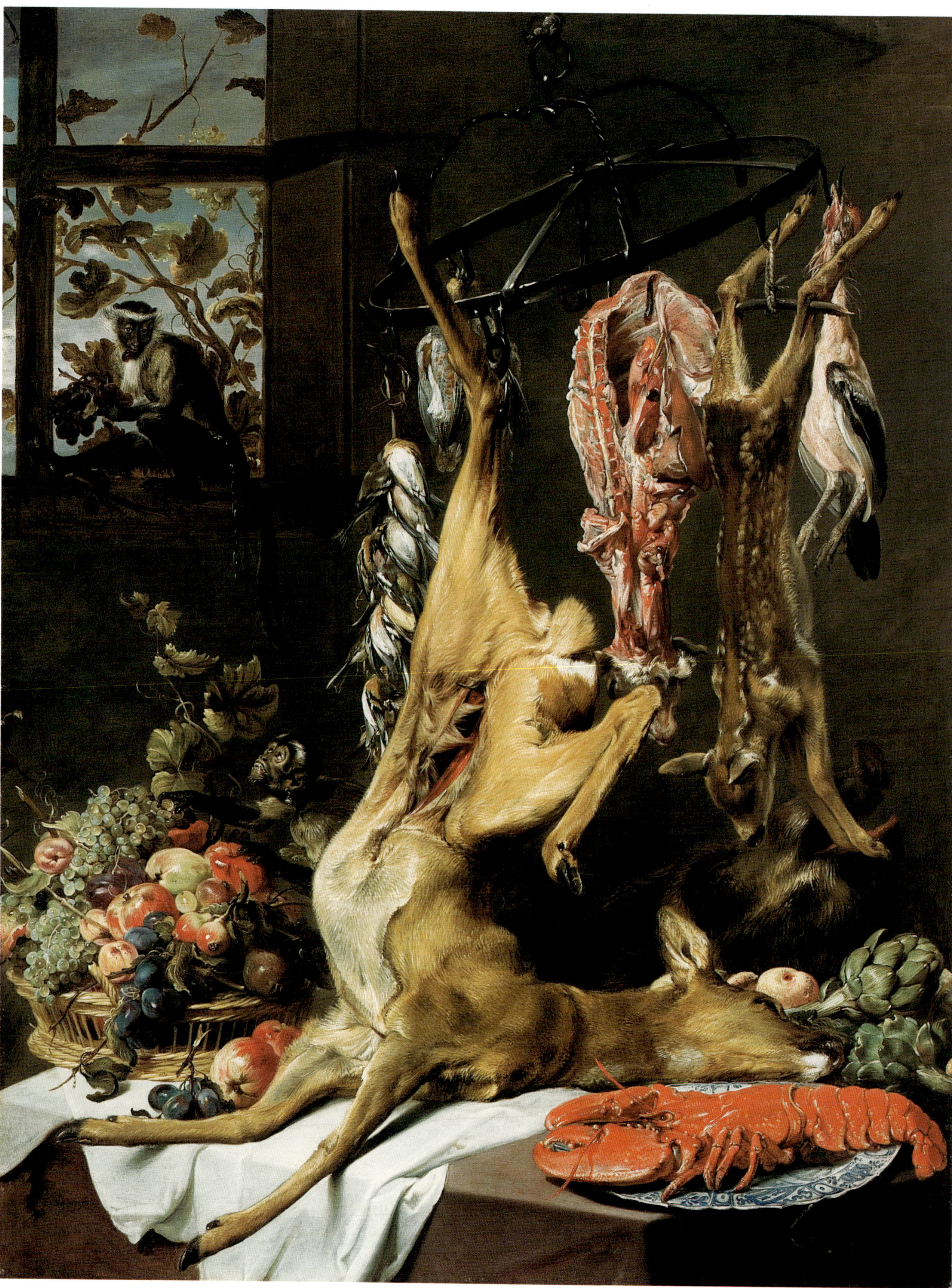

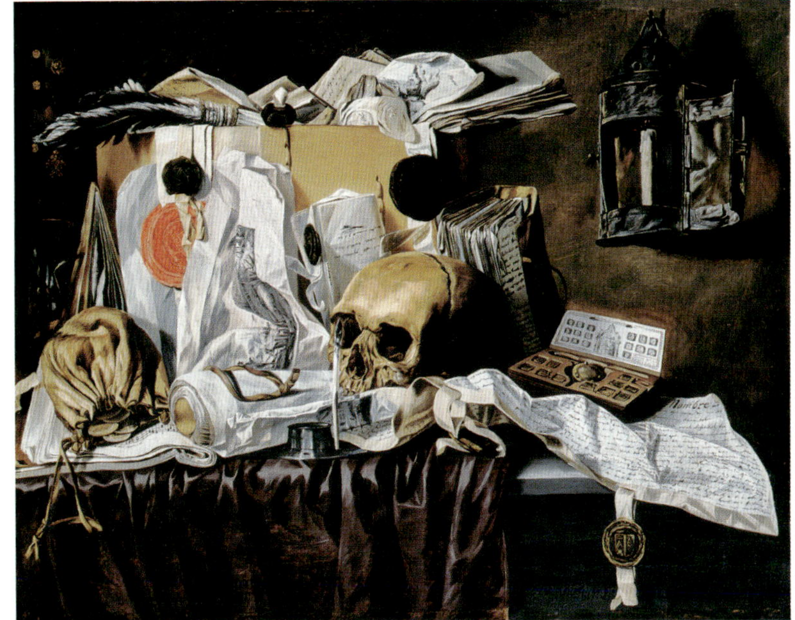

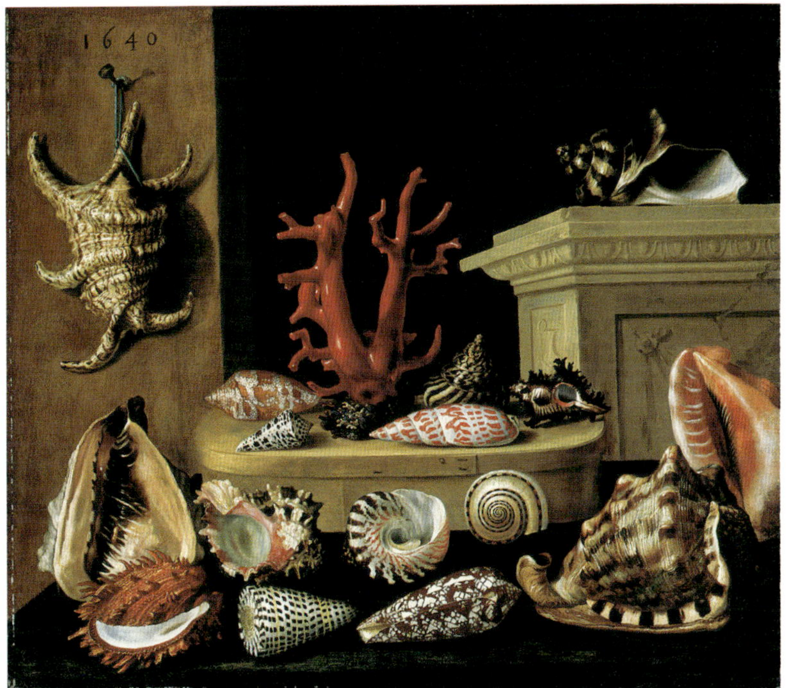

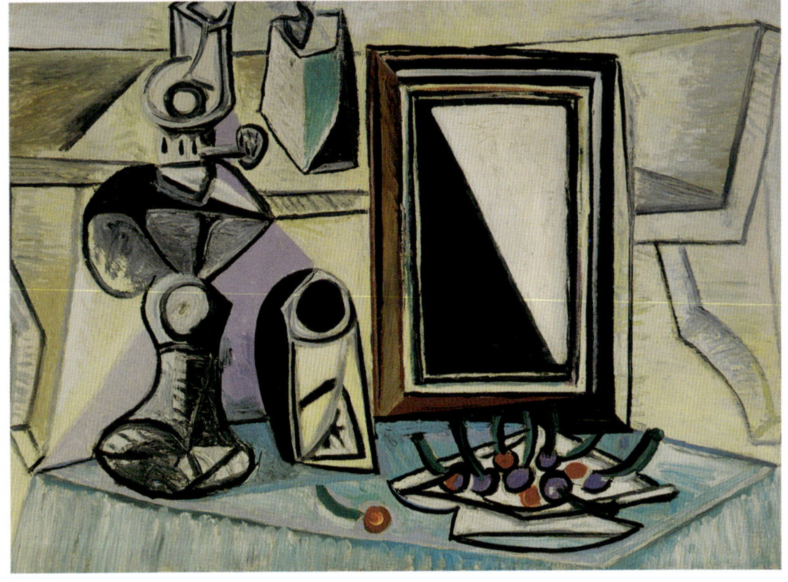

CI-CONTRE DE HAUT EN BAS

N.L. PESCHIER
Vanité
1660, huile sur toile,
70 x 89,6 cm.
Don de M. et Mme Michal Hornstein.

JACQUES LINARD
Nature morte aux coquillages et au corail
1640, huile sur toile,
53,3 x 62,2 cm.
Don de M. et Mme Michal Hornstein.

PABLO PICASSO
La Lampe et les cerises
1945, huile sur toile,
72,4 x 98,8 cm.
Achat, don d'Amis du Musée.

PAGE DE GAUCHE

FRANS SNYDERS
Nature morte avec gibier
1640, huile sur toile,
177,8 x 137,5 cm.
Don de M. et Mme Michal Hornstein, à l'occasion du 150e.

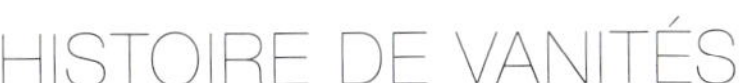

HISTOIRE DE VANITÉS

«Vanités des vanités, tout est vanité» : de cette citation de l'*Ecclésiaste*, un livre de l'Ancien Testament, ces tableaux tirent leur nom. Ce genre illustre l'impermanence de l'homme soumis à la fuite du temps. Des natures mortes de coquillages vides, de fruits alléchants mais bientôt pourris, représentant l'inéluctabilité de la mort, la futilité des plaisirs et la fragilité des biens terrestres. Ces images dénoncent la relativité de la connaissance et la vanité humaine. Ces *memento mori* («souviens-toi que tu vas mourir») deviennent un genre pictural à part entière à partir du XVIIe siècle aux Pays-Bas. À l'origine, il est dominé par le motif du crâne renvoyant à la mort tel que le suggère avec force le tableau du Hollandais N. L. Peschier [ill. ci-contre, en haut]. L'iconographie des vanités s'enrichit vers 1630-1640 : les arts et les sciences y font intrusion par des livres, des cartes et des instruments de musique. Pouvoir et richesse s'invitent à cette danse macabre sous la forme de bourses débordantes d'or. Aux crânes succèdent fleurs fanées, verres vidés, chandelles consumées, sabliers écoulés... L'abondance décorative d'une toile monumentale du Flamand Frans Snyders [ill. page de gauche] fait référence par son opulent banquet à nos péchés de gourmandise. Les coquillages du Français Jacques Linard, objets prisés des cabinets de curiosités depuis la Renaissance, mettent en garde contre le luxe, le corail renvoyant quant à lui au sang du Christ [ill. ci-contre, au centre]. Éteint au XVIIIe siècle, le genre de la vanité renaît au XXe siècle. Très au fait de la peinture ancienne, Pablo Picasso invite ici à réfléchir face à un miroir vide, une lampe éteinte, un compotier de cerises [ill. ci-contre].

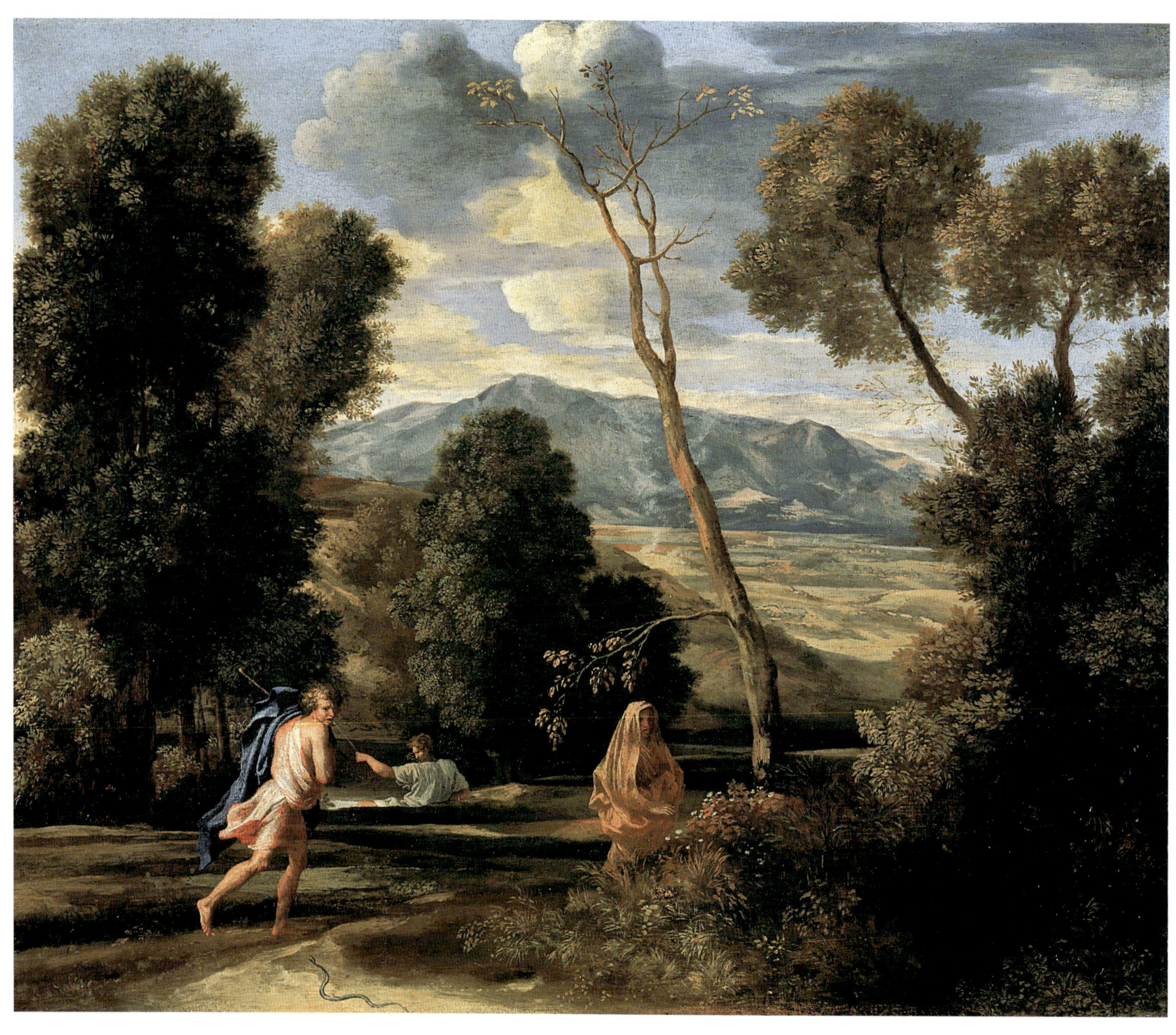

NICOLAS POUSSIN
Paysage avec un homme poursuivi par un serpent
Vers 1638-1640,
huile sur toile, 65 x 76 cm.
Achat, fonds spécial de remplacement.

CI-CONTRE DE HAUT EN BAS

CHARLES LE BRUN
La Déification d'Enée
1642-1644, huile sur toile,
81,3 x 97,7 cm.
Achat, fonds John W. Tempest.

SÉBASTIEN BOURDON
Ruines classiques dans un paysage
Vers 1635, huile sur toile,
50,2 x 64,5 cm.
Achat, fonds John W. Tempest.

JEAN LEMAIRE
Sénateurs et Légats romains
Vers 1645-1655, huile sur toile,
101,6 x 148,9 cm.
Don de Lord Strathcona et de la famille.

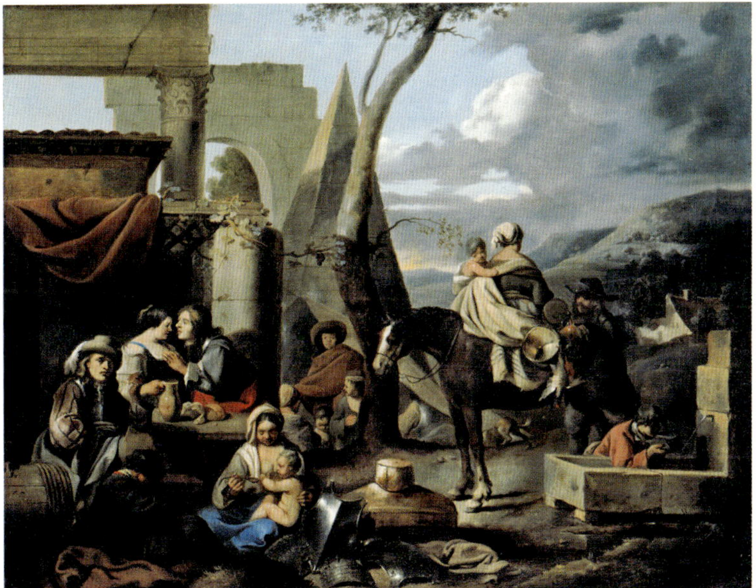

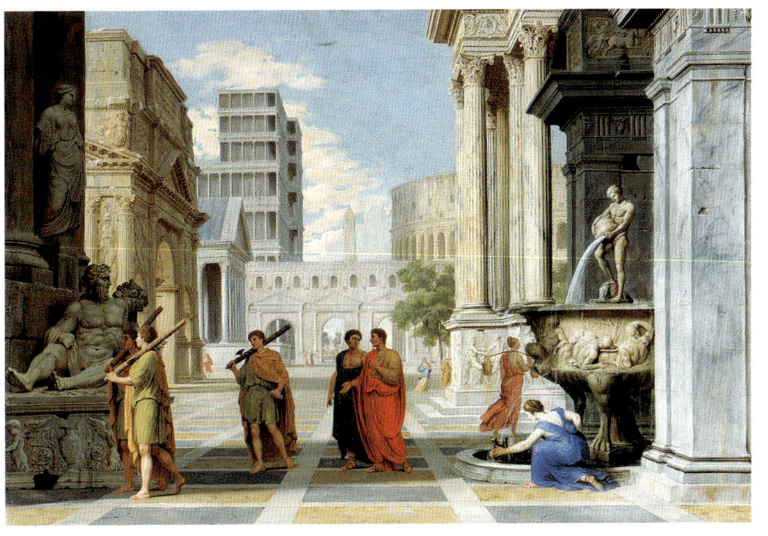

LE CLASSICISME

Au début du XVIIe siècle, Rome devient un passage obligé pour les artistes européens qui, outre les œuvres de leurs aînés, y découvrent une nature clémente parsemée de monuments antiques. L'Antiquité apparaît alors comme un modèle esthétique de grandeur. Contrairement aux débordements du baroque, le classicisme propose désormais une vision claire et ordonnée. Figure majeure de ce courant, Nicolas Poussin s'installe à Rome à partir de 1624. Il y développe un style d'une grande rigueur dans la composition des sujets, souvent inspirés de la mythologie romaine et de la foi chrétienne. La nature idyllique qu'il dépeint dans ce *Paysage avec un homme poursuivi par un serpent* [ill. page de gauche] est aussi un théâtre où les personnages sont en proie à leur destin tragique, le serpent symbolisant ici la mort. Comme Poussin, Charles Le Brun fait carrière à Rome et s'inspire d'épisodes mythologiques : la déesse Vénus oint d'huile sacrée son fils Énée pour le protéger avant son combat contre Turnus afin de soumettre Rome [ill. ci-contre en haut]. De retour en France, Le Brun est nommé Premier Peintre de la Cour ; Louis XIV, le Roi Soleil, le charge de la décoration du château de Versailles. Véritable synthèse des influences assimilées à Rome, les *Ruines classiques dans un paysage* de Sébastien Bourdon illustrent une halte de voyageurs dans un paysage ordonné, proche de Poussin [ill. ci-contre au centre]. Assistant Poussin dans la décoration de la Grande Galerie du palais royal du Louvre, Jean Lemaire reporte sur la toile sa fascination pour l'architecture antique découverte à Rome : *Sénateurs et Légats romains* paradent dans un décor de pierre où se dressent de fameux monuments antiques, le portique du Panthéon et le Colisée de Rome [ill. ci-contre en bas].

CI-CONTRE
NICOLAS DE LARGILLIERRE
Portrait d'une jeune femme en Astrée
Probablement Mary Josephine Drummond, Codesa de Castelblanco, vers 1710-1712, huile sur toile, 140 x 106 cm. Achat, fonds spécial de remplacement, legs Horsley et Annie Townsend, don anonyme en l'honneur du Dr Sean B. Murphy, don de David Y. Hodgson, du Dr William L. Glen et d'autres amis du Musée.

CI-DESSOUS
SALVATOR ROSA
Jason charmant le dragon
Vers 1665-1670, huile sur toile, 78 x 66,5 cm. Achat, fonds Mlle Olive Hosmer.

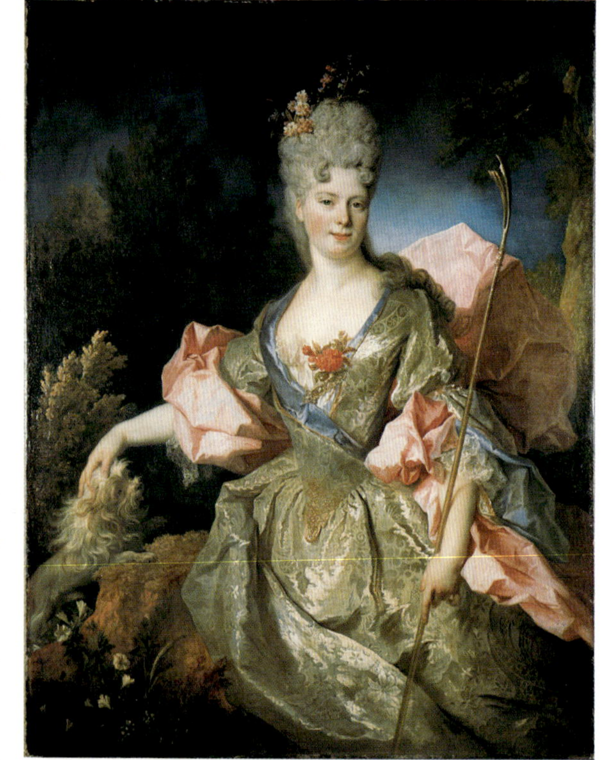

DU BAROQUE AU ROCOCO

Tirant son origine du portugais *barocco* (des perles aux formes irrégulières particulièrement convoitées), le style baroque s'épanouit en Europe au XVIIe siècle. Alors que le courant classique prône un rapport mathématique et mesuré au monde, le baroque se caractérise par son univers exubérant, son goût du faste et du spectaculaire. L'Italien Salvator Rosa excelle dans les compositions mystérieuses et d'impressionnants raccourcis de perspective : tiré d'un épisode des *Métamorphoses* d'Ovide, Jason réussit ici à endormir le dragon grâce à une potion magique pour récupérer la fameuse Toison d'or [ill. ci-contre]. Issu du baroque tardif italien, le style rococo, ou encore rocaille, se diffuse au XVIIIe siècle faisant la part belle à la légèreté, la lumière et la transparence. Alors particulièrement prisé, le portrait trouve ses plus belles expressions sous le pinceau chatoyant du Français Nicolas de Largillierre. Peint dans une délicate harmonie d'étoffes moirées roses et bleues, ce portrait [ill. dessus] montre une future mariée en Astrée, la bergère incarnant l'amour chaste dans le roman pastoral d'Honoré d'Urfé. Décorateur virtuose du XVIIIe siècle vénitien, le célèbre Giambattista Tiepolo allie aux somptueux effets de luminosité la théâtralité des exubérances formelles. Ce splendide tableau [ill. page de droite] illustre un fameux récit de Pline l'Ancien où Apelle, peintre de l'Antiquité grecque, s'éprend au cours d'une séance de pose de Campaspe, la favorite d'Alexandre le Grand. Avec humour, Tiepolo campe ici son autoportrait sous les traits du peintre tandis que Cecilia, son épouse, incarne la courtisée.

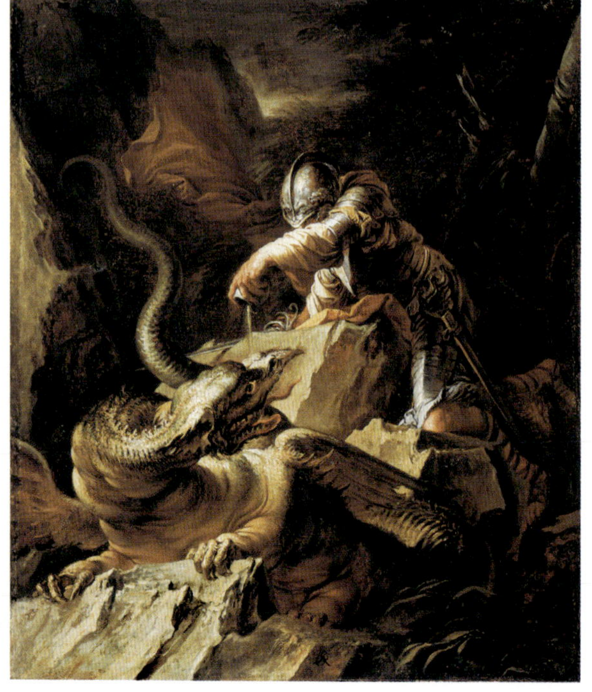

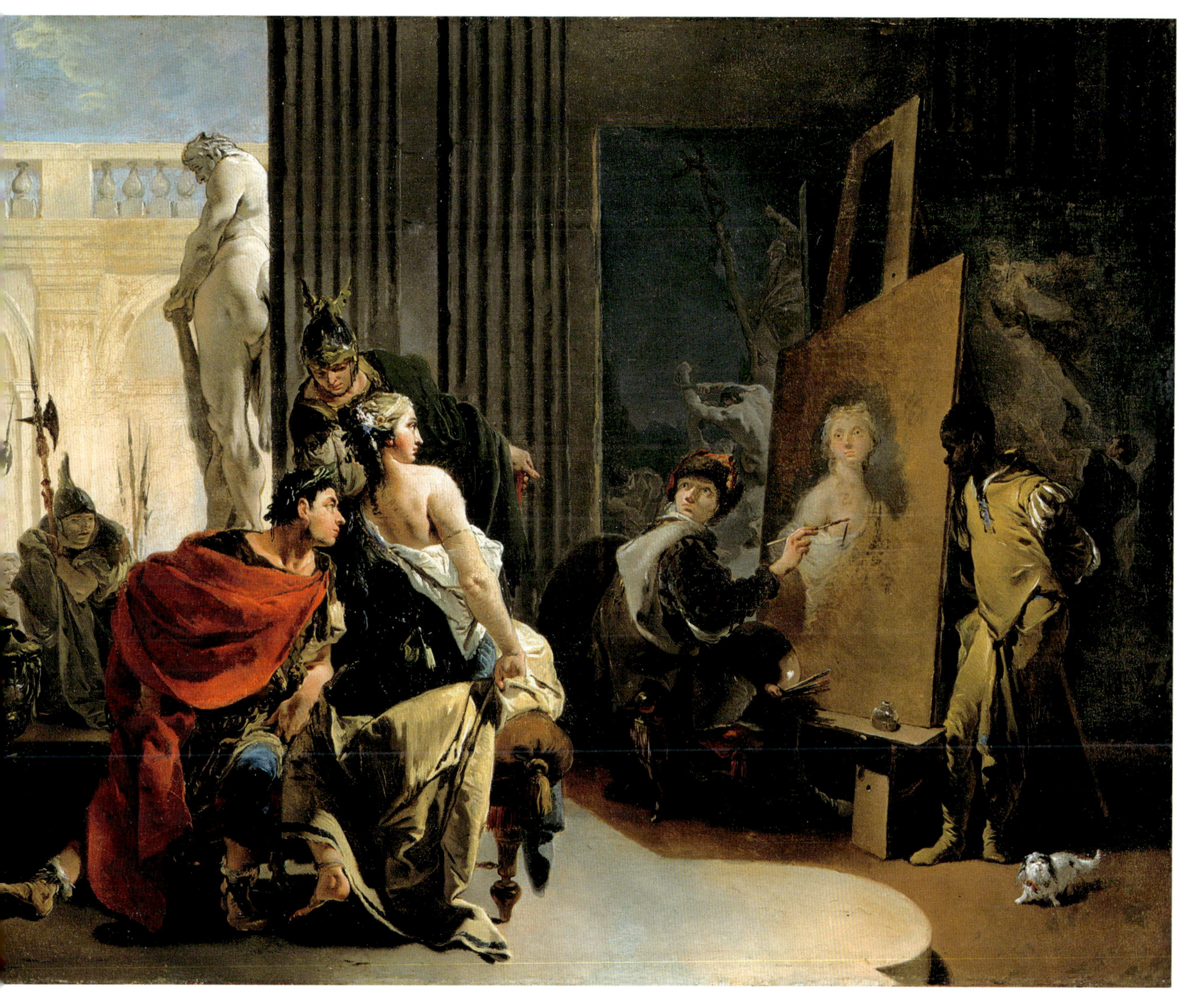

GIAMBATTISTA TIEPOLO
Apelle peignant le portrait de Campaspe
Vers 1726, huile sur toile, 57,4 x 73,7 cm.
Legs Adaline Van Horne.

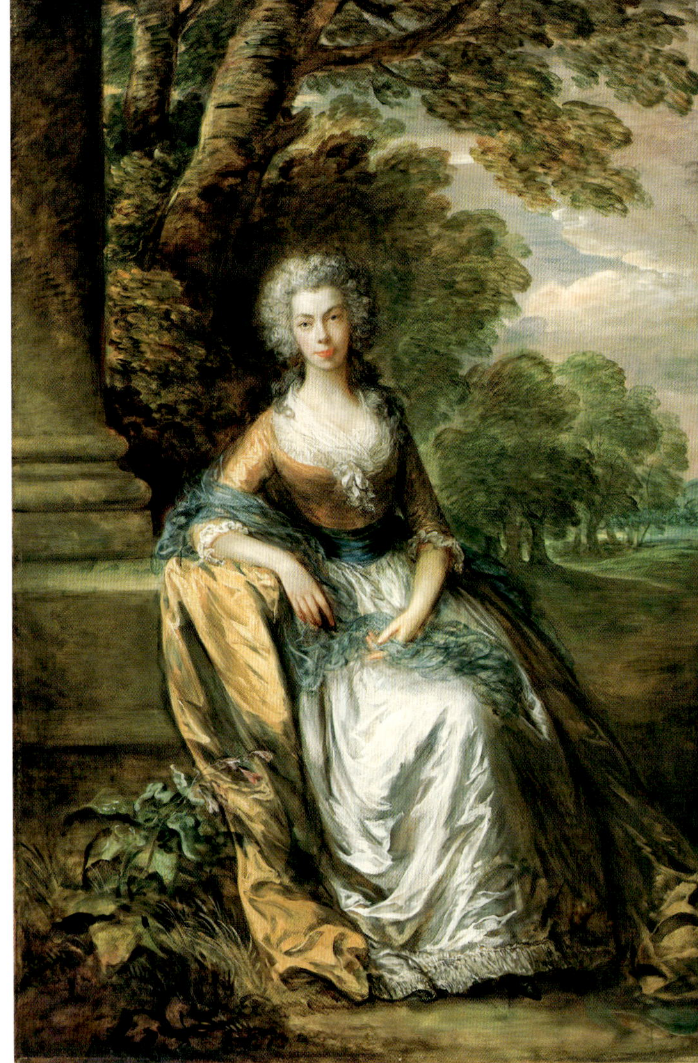

CI-CONTRE
THOMAS GAINSBOROUGH
Portrait de Madame George Drummond
1779-1782, huile sur toile, 230,1 x 152 cm.
Achat, fonds John W. Tempest.

CI-DESSOUS
HUBERT ROBERT
Jeunes Filles dansant autour d'un obélisque
1798, huile sur toile, 119,7 x 99 cm.
Legs Lady Davis.

PAGE DE DROITE
FRANÇOIS-XAVIER FABRE
Portrait d'un jeune homme avec une cape rouge et un grand chapeau
Vers 1795-1800, huile sur toile, 91,7 x 71 cm.
Achat, legs Horsley et Annie Townsend, legs J. Aldéric Raymond.

LE RETOUR À L'ANTIQUE

«L'éminente caractéristique générale des chefs-d'œuvre grecs [...] est une noble simplicité et une grandeur silencieuse.» Édictées par Winckelmann, grand théoricien allemand du néoclassicisme, ces qualités, à la fois morales et esthétiques en faveur d'un retour à l'antique idéalisé, dominent l'art de la fin du XVIIIe siècle en Europe. Le souffle puissant de la Révolution française balaye irrémédiablement l'ordre ancien. Entre fantaisie pittoresque et esthétique du sublime, le paysage néoclassique témoigne de ce goût nouveau pour la beauté déliquescente des ruines, ces vestiges grandioses de civilisations disparues. Dans ses *Jeunes filles dansant autour d'un obélisque* [ill. ci-contre], le peintre français Hubert Robert, dit Hubert des Ruines, use à la perfection des références à l'Antiquité égyptienne remise au goût du jour par la campagne conquérante du jeune général Bonaparte en Égypte. Le ciel ténébreux et la monumentalité spectaculaire des vestiges confèrent à cette œuvre une dimension dramatique, invitant aussi bien à la méditation qu'à l'émotion. Rejetant les afféteries du rococo, le genre du portrait n'échappe pas à cette vague antiquisante qui se traduit par une simplification austère des formes. De nombreux artistes, aristocrates et amateurs européens – les *dilettanti* – effectuent le «Grand Tour» d'Italie, à la découverte des sites archéologiques récemment excavés, Herculanum et Pompéi. François-Xavier Fabre, réfugié en Italie pour échapper aux turbulences révolutionnaires, livre le portrait d'un touriste d'une noble élégance, où le costume, en noir et rouge, se détache sur un arrière-fond sobre, presque sévère : un morceau de bravoure picturale [ill. page de droite]. L'école anglaise privilégie un sentiment nouveau de l'homme envers la nature. Le grand portraitiste Gainsborough représente Madame Drummond : le cadre pastoral et l'imposante colonne qui entourent le modèle à la pose nonchalante, faussement simple, apportent une touche naturelle et charmante [ill. ci-dessus].

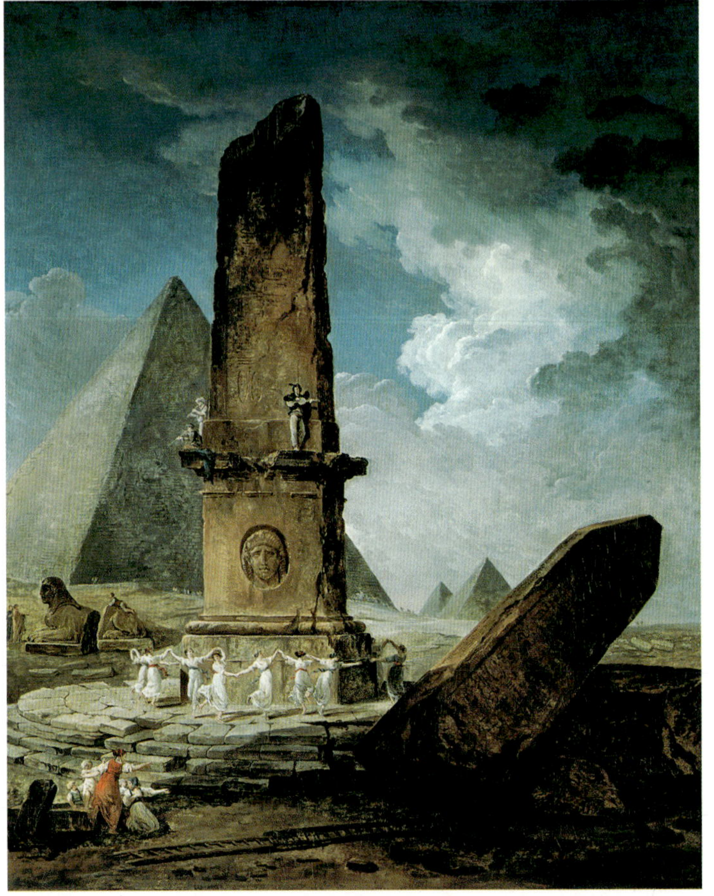

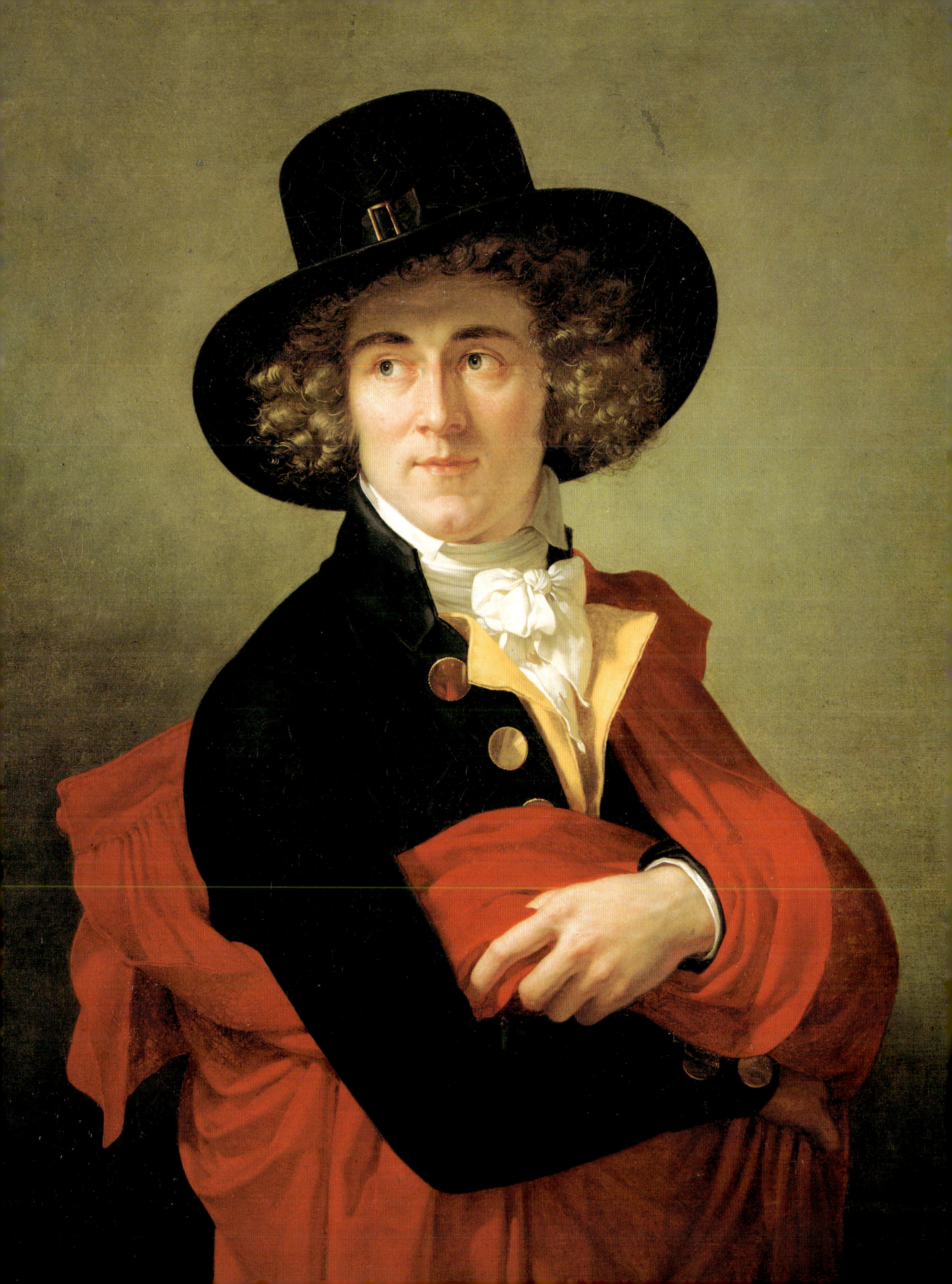

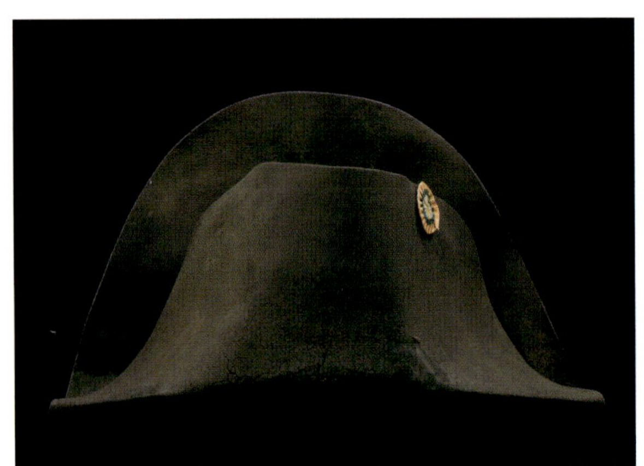

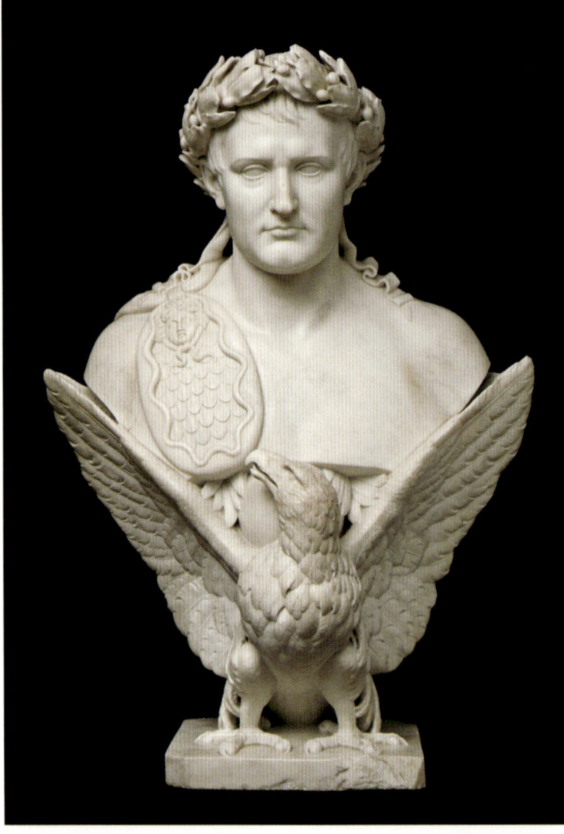

À GAUCHE
POUPARD & DELAUNAY
Chapeau de la campagne de Russie de Napoléon Ier
Vers 1812, feutre, soie, tissu, 27 x 47 x 20 cm.
Coll. Ben Weider.

CI-CONTRE
ATELIER DE BERTEL THORVALDSEN
L'Apothéose de Napoléon Ier
Vers 1830, marbre, 95 x 70 x 46 cm.
Coll. Ben Weider.

CI-DESSOUS DE GAUCHE À DROITE
MARC JACQUART
Sucrier
1798-1809, argent, cristal, 29,4 x 16 x 14,3 cm.
Coll. Honorable Serge Joyal, CP, OC.

MARTIN-GUILLAUME BIENNAIS
Pot à lait aux armes de Napoléon Ier et de Marie-Louise
Vers 1810-1814, vermeil, 18 x 10,4 x 9,5 cm.
Coll. Ben Weider.

NAPOLÉON Ier ET LE FASTE DE L'EMPIRE

Grâce au don majeur de Ben Weider, président-fondateur de la Société napoléonienne internationale, le musée possède l'une des plus importantes collections d'objets liés à l'Empereur en Amérique du Nord. Plusieurs effets personnels lui ont appartenu dont cet exemplaire, unique sur le continent américain, de l'iconique bicorne : il s'agit du chapeau porté par le souverain lors de sa tragique retraite de la campagne de Russie en 1812 [ill. ci-dessus]. Important mécène, sensible à la propagande par les arts, le général Bonaparte au pouvoir, se fait sacrer Empereur sous le nom de Napoléon Ier en 1804, pour inscrire son régime dans la continuité de l'Empire de Charlemagne. Il désigne comme peintres officiels des artistes comme Gérard, nommé portraitiste attitré. Parmi ses portraits en costume de sacre, Gérard compose une des visions les plus mémorables agrémentée de l'abeille carolingienne, symbole de fécondité et de labeur. Séduit, Napoléon Ier en commande plusieurs répliques, dont ce tableau au cadre superbement orné de l'aigle jupitérien enserrant le foudre [ill. page de droite]. Soucieux de redonner faste et luxe à la France meurtrie par les guerres révolutionnaires, l'Empereur soutient vigoureusement les arts somptuaires, tels que de l'argenterie et l'orfèvrerie [ill. ci-contre]. Les artisans puisent dans le vocabulaire de l'Antiquité gréco-romaine et égyptienne imposant un style néoclassique, qui rejette les «dépravations» coloristes et formelles du baroque. Huit ans après la mort de l'Empereur, Bertel Thorvaldsen, célèbre sculpteur danois établi à Rome, l'immortalise dans un marbre monumental : sa légende est ici portée par l'aigle de la Victoire et les palmes de la Gloire [ill. ci-dessus].

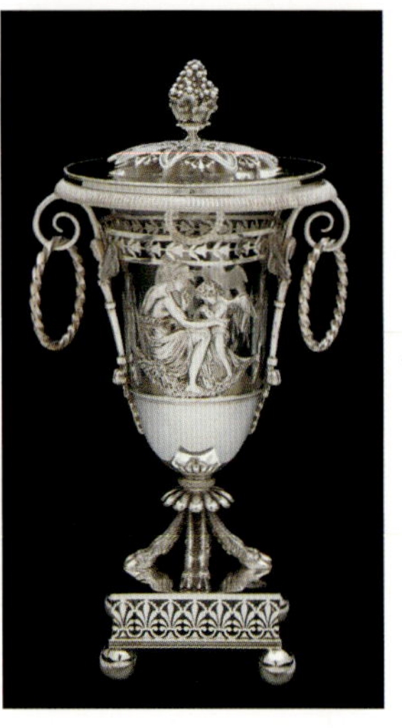

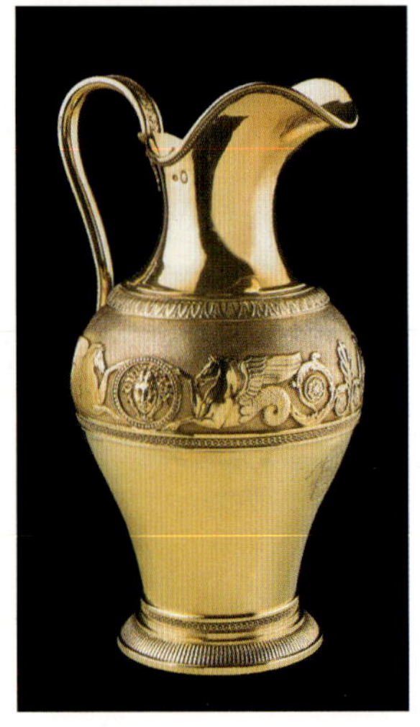

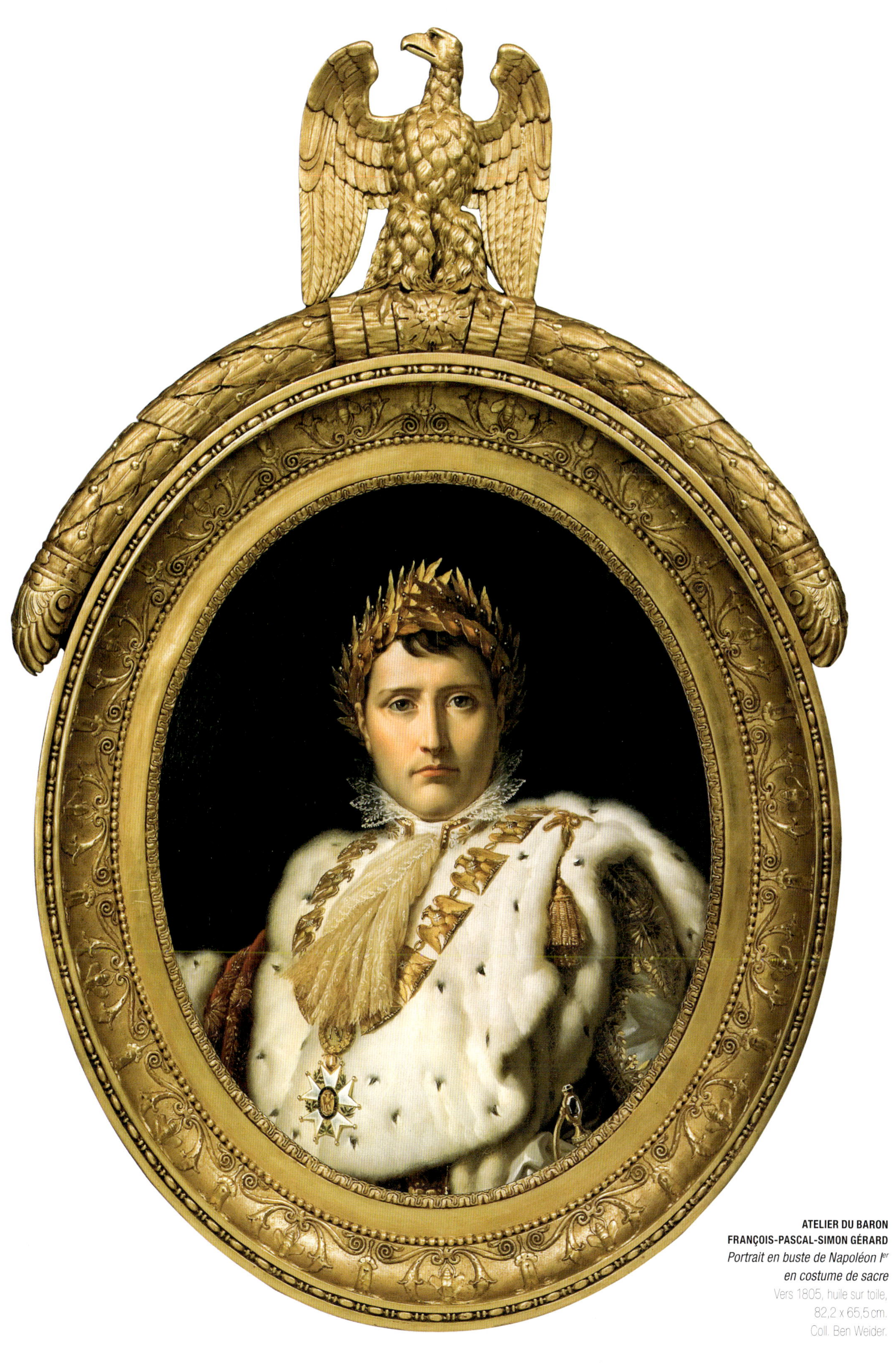

ATELIER DU BARON
FRANÇOIS-PASCAL-SIMON GÉRARD
Portrait en buste de Napoléon Ier
en costume de sacre
Vers 1805, huile sur toile,
82,2 x 65,5 cm.
Coll. Ben Weider.

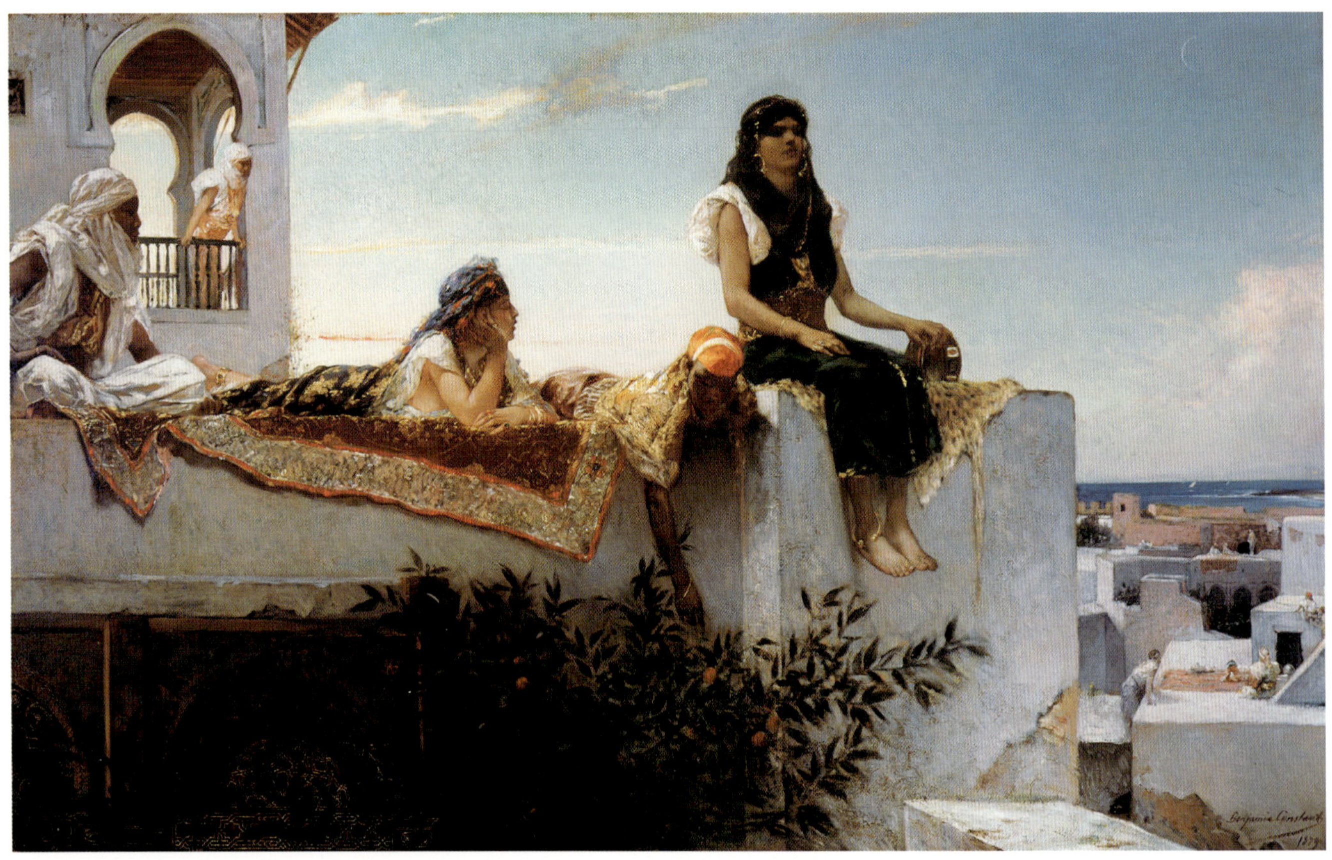

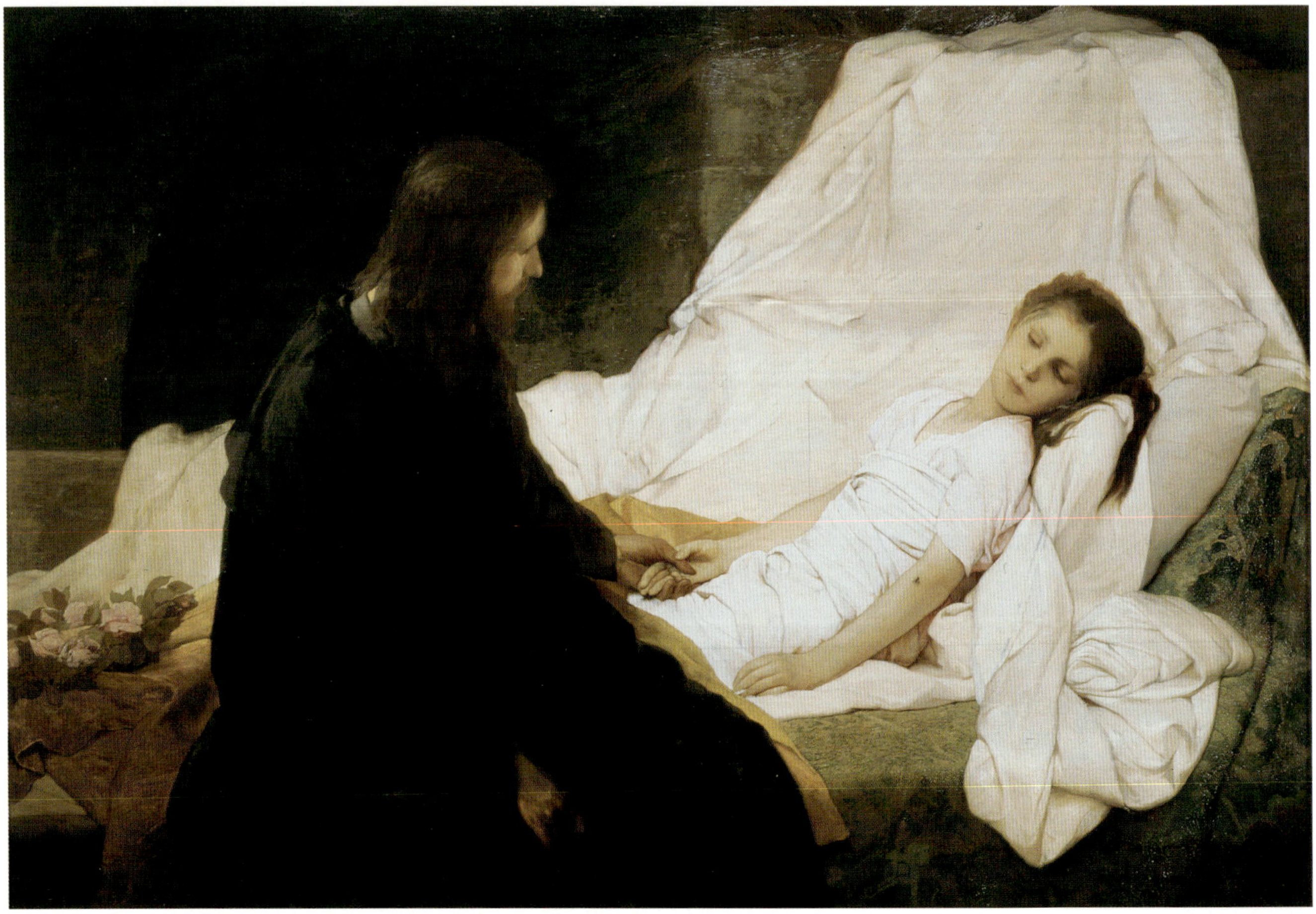

CI-CONTRE
JAMES TISSOT
Octobre
1877, huile sur toile,
216 x 108,7 cm.
Don de Lord Strathcona
et de la famille.

PAGE DE GAUCHE DE HAUT EN BAS
JEAN-JOSEPH BENJAMIN CONSTANT
Le Soir sur les terrasses (Maroc)
1879, huile sur toile,
123 x 198,5 cm.
Don de Lord Strathcona
et de la famille.

GABRIEL MAX
La Résurrection de la fille de Jaïre
1878, huile sur toile,
123,3 x 180,4 cm.
Don de Lord Athosltan.

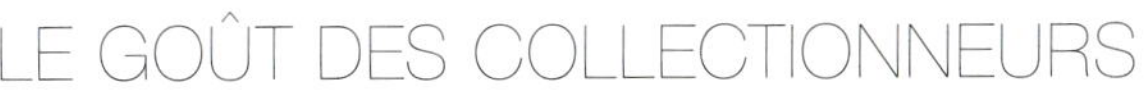

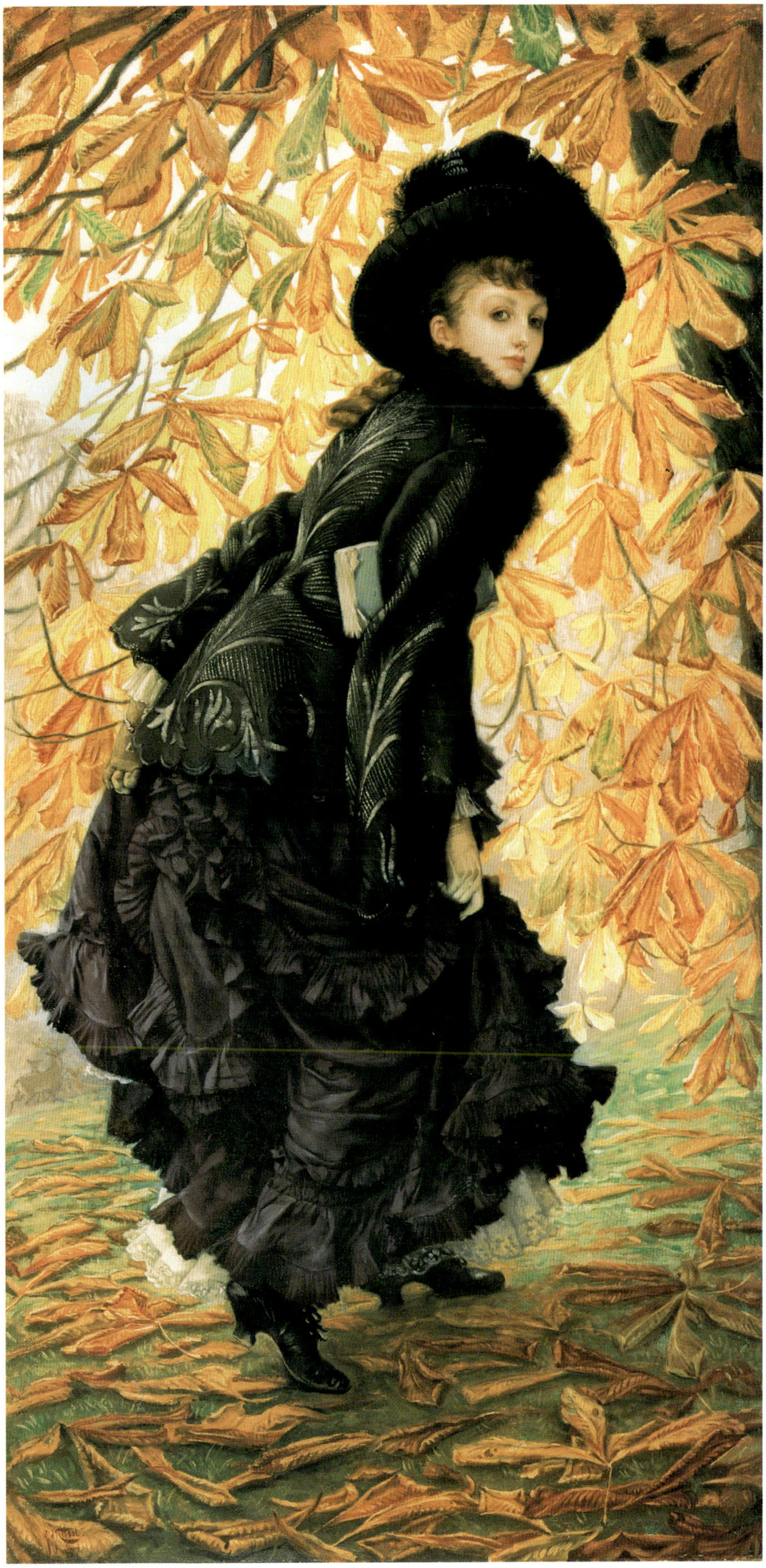

LE GOÛT DES COLLECTIONNEURS

Le remarquable essor économique de Montréal dans la seconde moitié du XIXe siècle donne naissance à une nouvelle classe de riches collectionneurs. Tournés vers l'Europe, ils rivalisent avec leurs pairs américains pour acquérir de grands tableaux, exposés dans les Salons académiques de Londres ou Paris. Les sujets mondains, religieux ou exotiques sont à la mode. Parmi les artistes qui connaissent le succès dans cette sphère privée, James Tissot, dandy français anglophile, est apprécié pour ses tableaux de la société londonienne et ses élégantes figures féminines, dont *Octobre* est un des plus beaux exemples [ill. ci-contre]. Sur les frondaisons de marronniers aux flamboyantes couleurs d'automne se détache la silhouette élégante d'une jeune femme qui se retourne furtivement vers le spectateur. C'est le magnifique portrait, teinté de mélancolie, de la scandaleuse compagne de l'artiste, Mrs Newton, divorcée et jeune mère de deux enfants illégitimes. Comme la Dame aux camélias, la muse mourra de tuberculose, laissant le peintre inconsolable. Au siècle de constitution d'empires coloniaux, la mode orientaliste qui satisfait le goût d'exotisme et de sensualité, connaît son apogée. Très prisé en Amérique du Nord et par les collectionneurs de Montréal, le peintre et voyageur Benjamin-Constant livre avec son célèbre *Soir sur les terrasses (Maroc)* [ill. page de gauche en haut], une scène pittoresque d'un Orient fantasmé : des femmes de harem se prélassent à la fraîcheur du crépuscule, majestueuses et mystérieuses. Exposé à l'Exposition universelle de 1878 à Paris, *La Résurrection de la fille de Jaïre* est le chef-d'œuvre du peintre allemand Gabriel Max [ill. page de gauche en bas]. Renouvelant le genre de la peinture religieuse, entre description morbide (la mouche) et clair-obscur mystique, la scène montre l'enfant ressuscitant par le miracle de Jésus. Achetée par un riche et prosélyte homme d'affaires montréalais, cette peinture religieuse édifiante circulera triomphalement au Canada.

CI-CONTRE DE HAUT EN BAS

JEAN-BAPTISTE CAMILLE COROT
L'île heureuse
Vers 1865-1868, huile sur toile,
188 x 142,5 cm.
Don de la famille
de Sir George A. Drummond à
la mémoire d'Arthur Lennox Drummond
et du capitaine Guy Melfort Drummond.

HENRI FANTIN-LATOUR
La Féerie
1863, huile sur toile,
98,5 x 131,5 cm.
Achat, fonds John W. Tempest.

PAGE DE DROITE

HONORÉ DAUMIER
Femmes poursuivies par des satyres
1850, huile sur toile,
131,8 x 97,8 cm.
Legs Adaline Van Horne.

LE SENTIMENT ROMANTIQUE

Ces trois tableaux, chefs-d'œuvre dans leur genre, sont empreints du romantisme qui domine la première moitié du XIXe siècle, expression du sentiment et du rêve. Défiant la rigueur prônée par les peintres classiques – préférant la ligne et la couleur, la forme stable et équilibrée –, les artistes romantiques ont été mal accueillis en leur temps, jugés trop audacieux, leur style trop libre et leur sujet trop insaisissable. Ainsi le paysagiste Jean-Baptiste Corot peint cette toile monumentale [ill. ci-dessus] dans le but de décorer l'intérieur d'un ami peintre, Daubigny, voisin de Daumier. *L'île heureuse* évoque un lieu indéterminé, sorte de paysage rêvé, plongé dans une douce lumière, flottant dans une atmosphère paisible et éthérée. C'est un sentiment plus emporté qui domine l'extraordinaire tableau d'Honoré Daumier [ill. page de droite]. Artiste mieux connu pour ses caricatures, davantage habitué aux thèmes réalistes, il étonne avec cette peinture de lointaine inspiration mythologique. Les deux femmes dénudées poursuivies par des satyres sont prétextes à une débauche de couleurs violentes et contrastées, en touches sinueuses et baroques. On songe à Rubens mais surtout à Delacroix, chantre du romantisme français. Haute en couleurs, *La Féerie* [ill. ci-contre] d'Henri Fantin-Latour fut exposée au célèbre Salon des refusés qui présenta en 1863 les rebuts du jury officiel réactionnaire à un public médusé par tant de modernité. Là encore, nulle scène précise et connue, mais un concert de teintes chatoyantes, un tourbillon de formes légèrement dessinées dans la droite lignée de Véronèse et de Watteau. Au-delà de la rêverie et de la poésie, cette touche picturale légère et diffuse préfigure la peinture impressionniste.

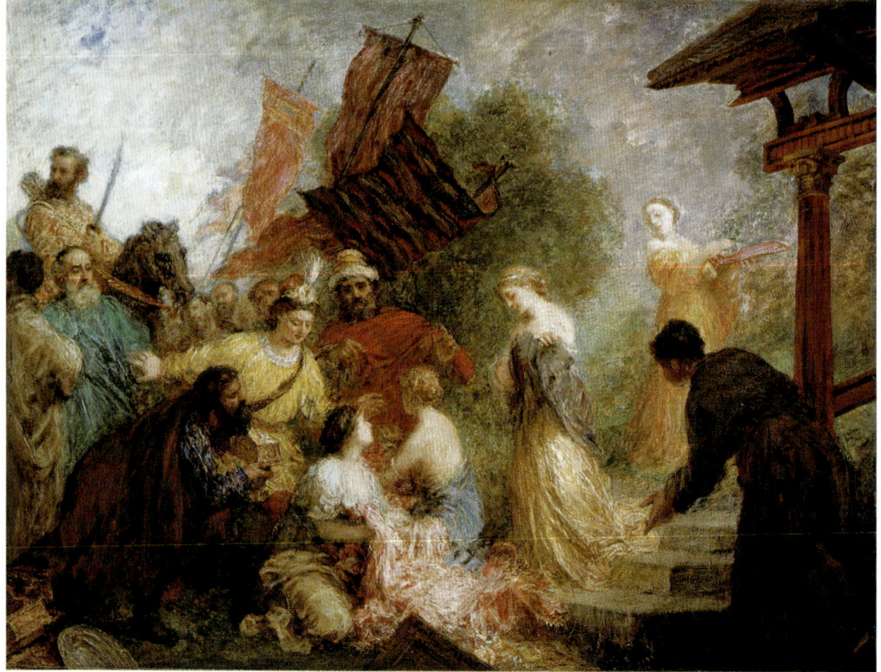

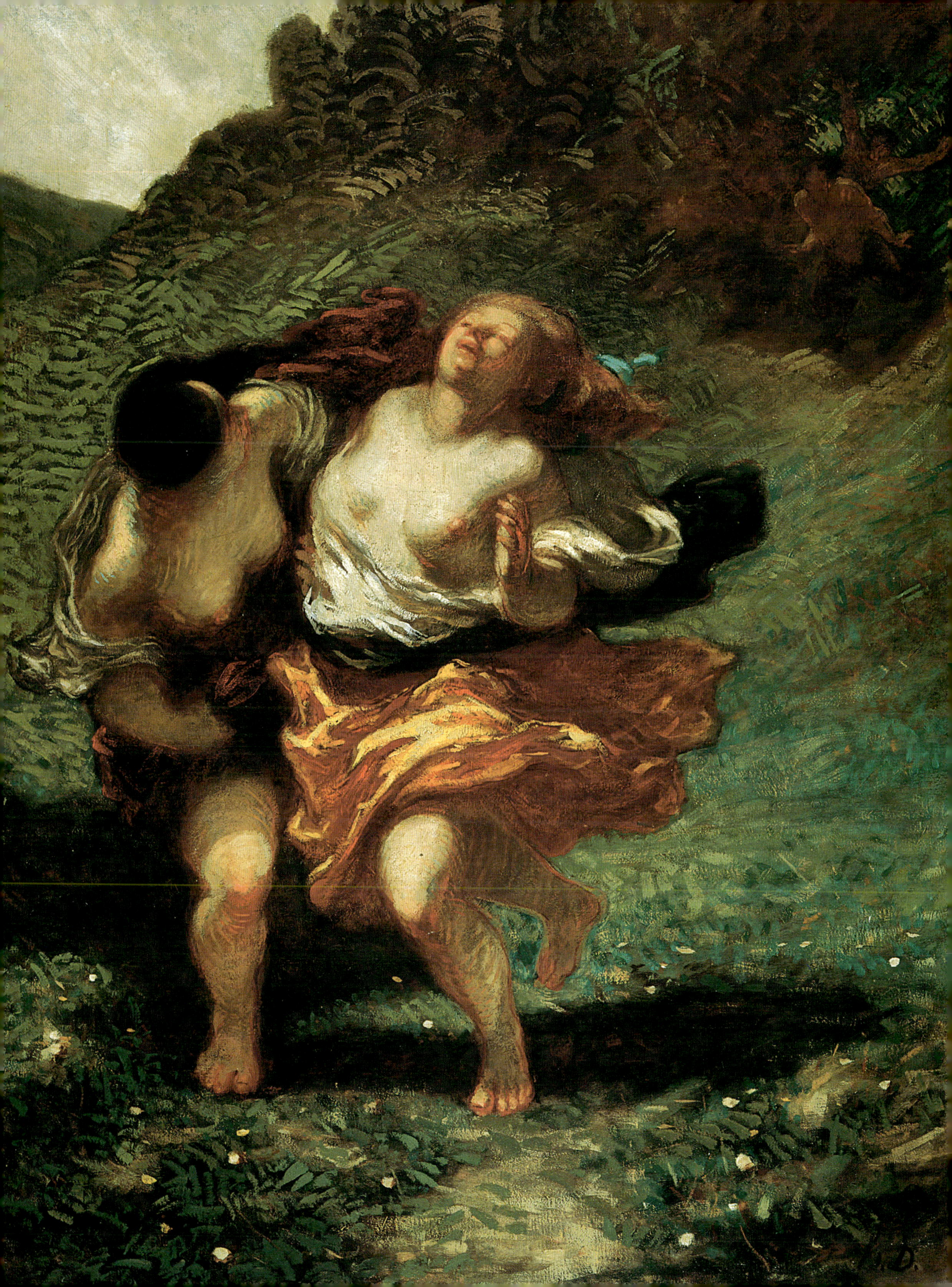

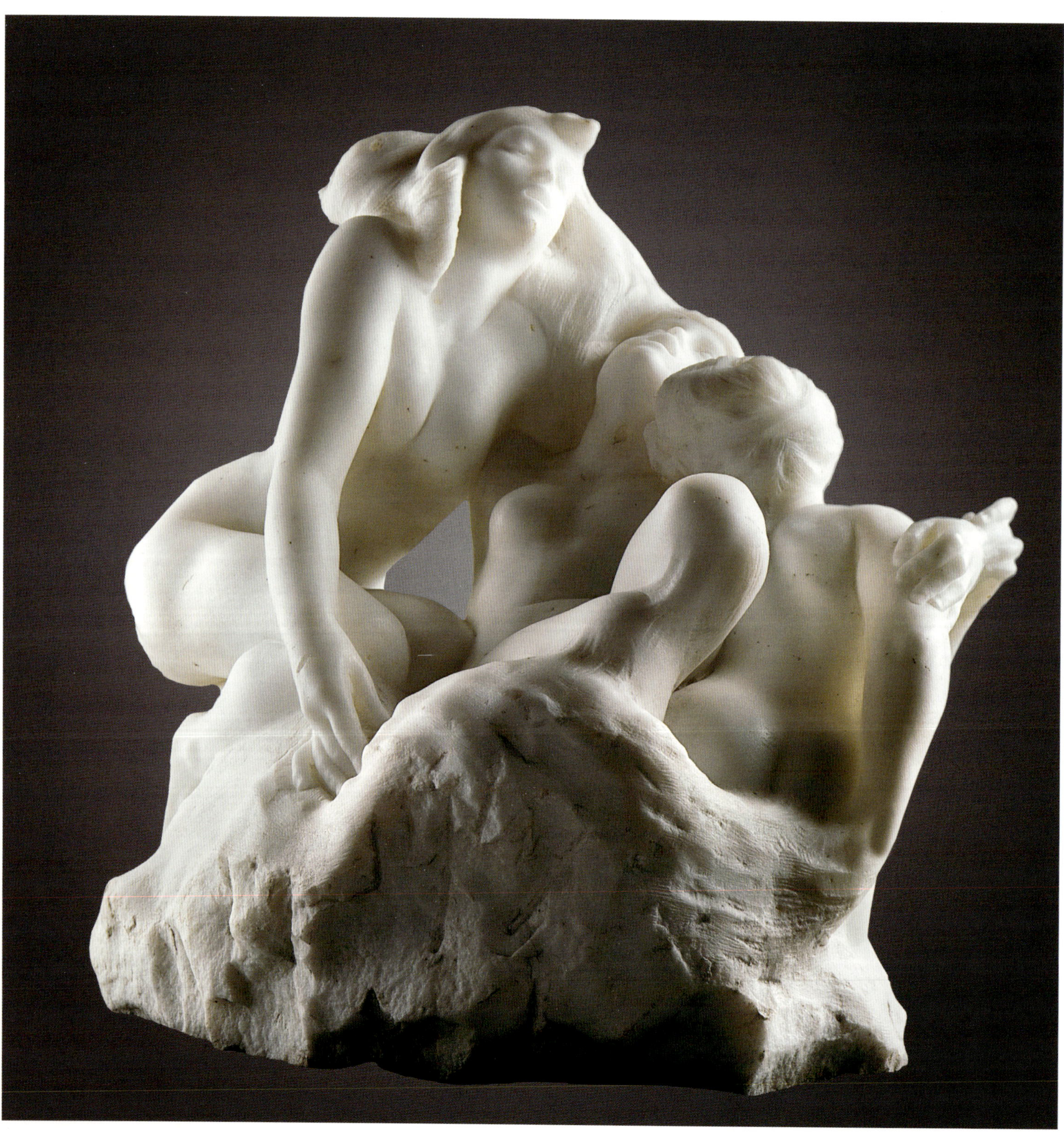

CI-CONTRE DE HAUT EN BAS
ALFRED SISLEY
Chemin de By au bois des Roches-Courtaut Été de la Saint-Martin
1881, huile sur toile, 59,1 x 81 cm.
Legs Adaline Van Horne.

CLAUDE MONET
Les Falaises de Pourville
1897, huile sur toile, 65,8 x 100,6 cm.
Achat, fonds John W. Tempest.

CAMILLE PISSARRO
Vue de la cotonnière d'Oissel Environ de Rouen
1898, huile sur toile, 65,3 x 81 cm.
Achat, fonds John W. Tempest.

PAGE DE GAUCHE
AUGUSTE RODIN
Les Sirènes
Vers 1887-1888, marbre, 44,5 x 45,7 x 27 cm.
Don de la famille de Huntly Redalph Drummond.

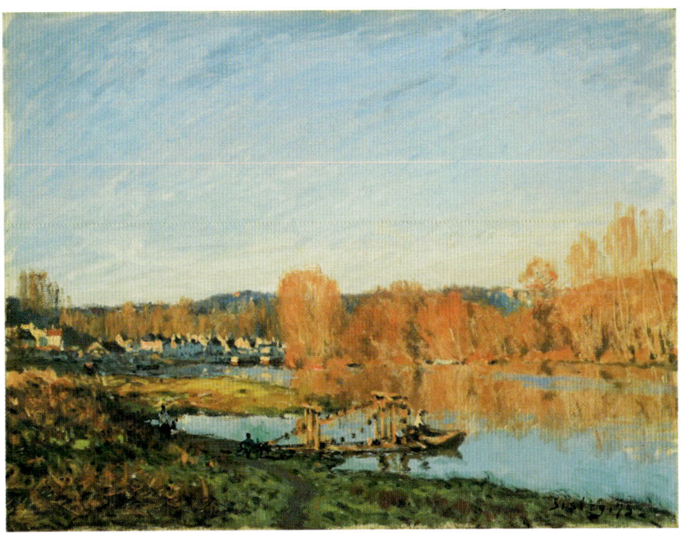

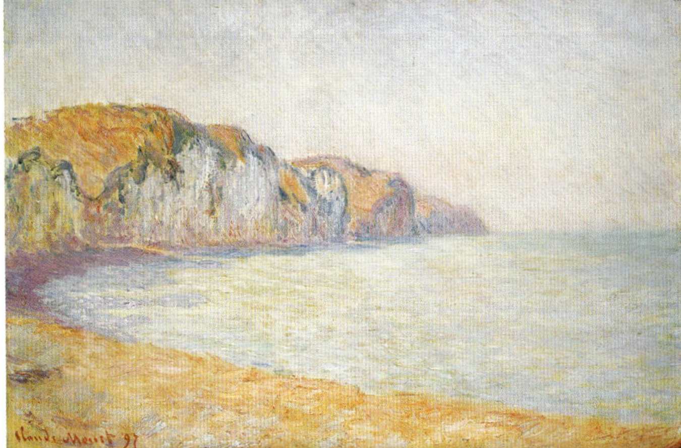

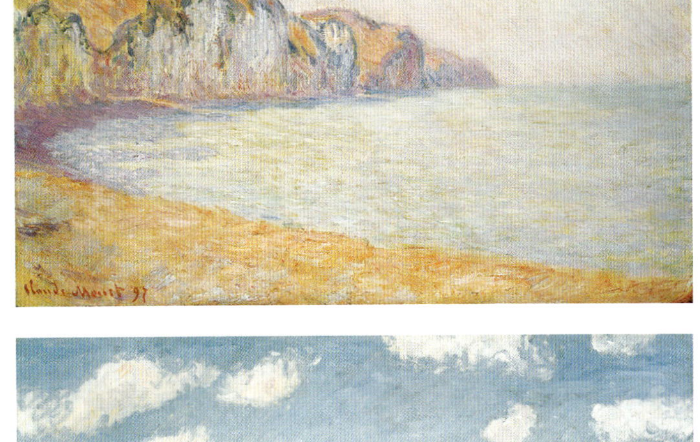

L'IMPRESSIONNISME AU FIL DE L'EAU

L'eau est vivante ; elle clapote sur la coque des navires voguant sur les cours d'eau, elle vient s'échouer sur les galets des plages. L'impressionnisme trouve dans les décors aquatiques une de ses plus belles expressions. Plus qu'un art de peindre, ce mouvement fut aussi un art de vivre. Sur les côtes normandes comme en Ile-de-France, les artistes plantent leur chevalet en pleine nature pour peindre sur le motif, grâce à l'invention des tubes de peinture. Les reflets miroitants de l'eau leur permettent de capter de fugaces jeux atmosphériques. Ce tableau d'Alfred Sisley [ill. ci-contre en haut] fut présenté à la célèbre première exposition impressionniste en 1874. Il joue avec la lumière en de petites touches déposées sur la toile : plus que la description d'un paysage, il s'agit là d'une «impression», terme que donneront les critiques pour baptiser ce mouvement. Atteint de troubles oculaires à la fin de sa vie, Camille Pissarro [ill. ci-contre en bas] se réfugie au premier étage d'une chambre d'hôtel de Rouen pour capter, toile après toile, la beauté du trafic fluvial qu'il érige au rang d'art. Exalté par le ressac de la mer, Claude Monet peindra ses «Falaises» en série à différentes heures du jour, faisant varier l'intensité de la lumière [ill. ci-contre au centre]. *Les Sirènes* constituent un motif favori du répertoire sculpté d'Auguste Rodin. Cet exemplaire, commandé par le mécène montréalais George Drummond, additionne les profils expressifs comme autant d'impressions : le trio sensuel de femmes entremêle dans un mouvement saphique corps et chevelures. Monet et Rodin, deux génies en leur temps, exposeront ensemble à la galerie Georges Petit, grand promoteur de l'impressionnisme.

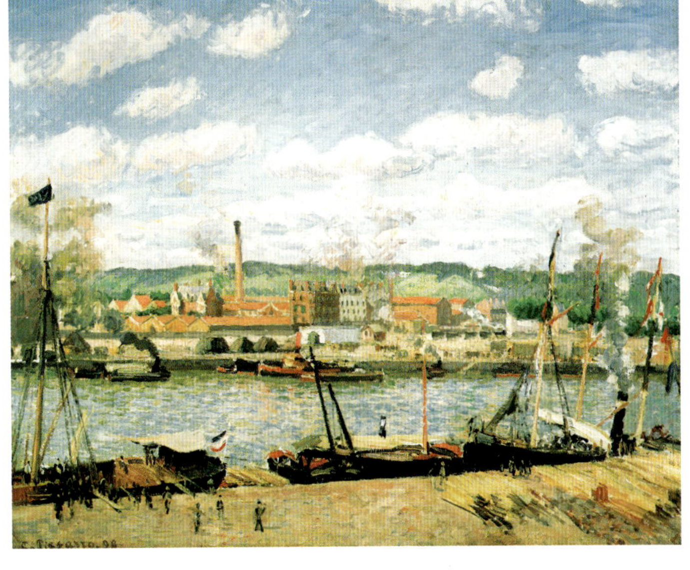

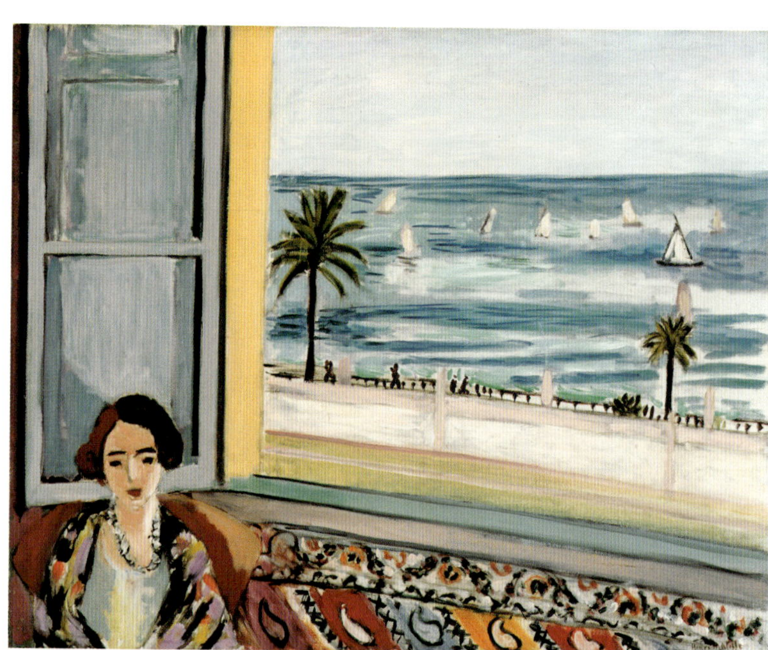

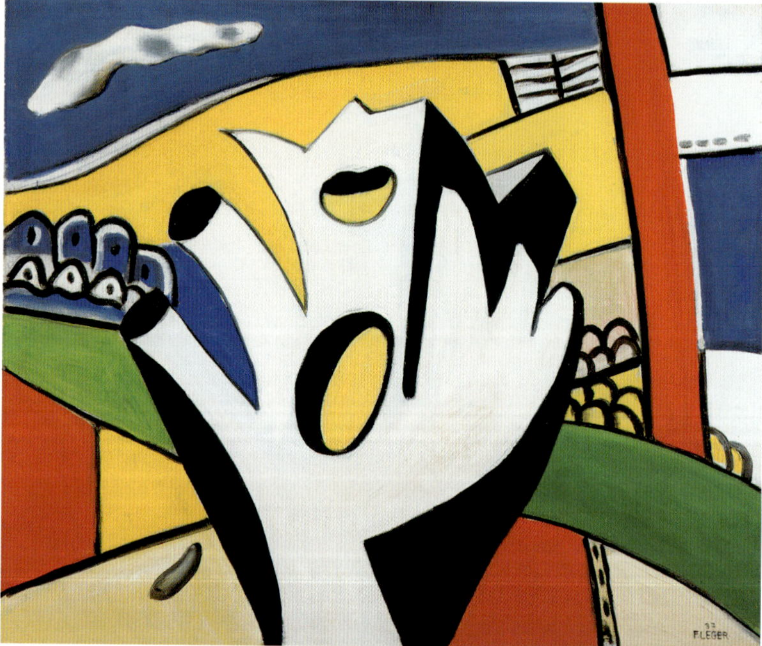

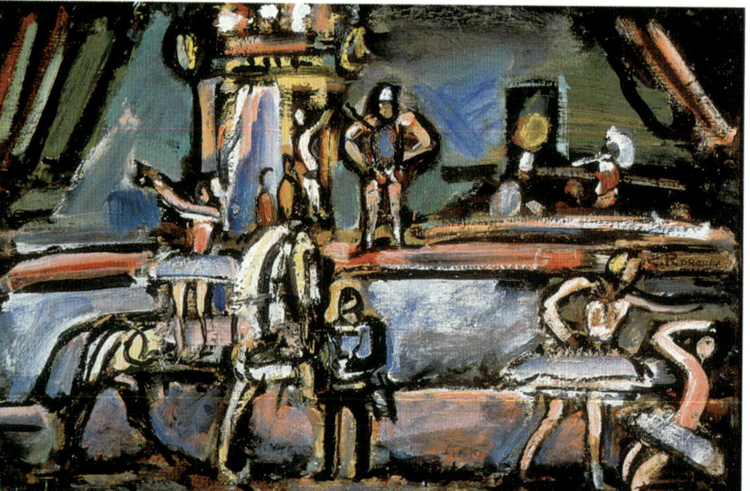

CI-CONTRE DE HAUT EN BAS
HENRI MATISSE
Femme assise, le dos tourné vers la fenêtre ouverte
Vers 1922, huile sur toile, 73,3 x 92,5 cm.
Achat, fonds John W. Tempest.

FERNAND LÉGER
La Poule blanche
1937, huile sur toile, 54,6 x 64,8 cm.
Achat, don de Christopher, Michael G. et David W. McConnell, à la mémoire de leur père Wilson Griffith McConnell.

GEORGES ROUAULT
Le Cirque
1936, huile sur toile, 70 x 107,8 cm.
Don du millénaire à l'Amérique de la Sara Lee Corporation.

PAGE DE DROITE
LYONEL FEININGER
Rue jaune II
1918, huile sur toile, 95 x 86,1 cm. Achat, don de la fondation de la famille Maxwell Cummings, de l'Association des bénévoles du Musée des beaux-arts de Montréal, de John G. McConnell, C.B.E., de M. et Mme A. Murray Vaughan, legs Harold Lawson et legs Horsley et Annie Townsend.

L'ART MODERNE

Au début du xxe siècle, la modernité, considérée comme le corollaire du progrès de la civilisation, anéantit tous les dogmes artistiques, d'une révolution esthétique à une autre. Sur la toile, couleurs et formes s'affranchissent de l'imitation de la nature et offrent une riche pluralité d'expressions. Violoniste, caricaturiste et peintre, Lyonel Feininger vit les étapes de cette épopée. Cet Américain d'origine germanique séjourne à Paris et expose au Salon des Indépendants où il découvre le cubisme. En 1912, il fréquente les groupes fameux des expressionnistes allemands de *Die Brücke* (le pont) et du *Blaue Reiter* (cavalier bleu) aux côtés des peintres abstraits, Klee et Kandinsky. Après la guerre, il rejoint le Bauhaus, le nouvel institut des arts et des métiers fondé par Walter Gropius à Weimar en 1919, un an après qu'il ait peint la *Rue jaune II* [ill. page de droite]. Expressionniste par sa gamme de couleurs, cubiste par ses aplats superposés, cette œuvre emprunte aussi au registre musical, notamment aux *Fugues* de Bach qui fascinent Feininger. Proche des Fauves, Georges Rouault traverse son siècle en solitaire. Passionné de cirque, cet expressionniste français représente ici [ill. ci-contre en bas] des acrobates aux couleurs cernées de noir, une caractéristique de cet ancien apprenti verrier. Parallèlement, la palette de Matisse s'épanouit à Nice. Jouant d'un de ses motifs favoris – la fenêtre – le peintre convie les rivages méditerranéens dans son appartement-atelier. Tandis que Fernand Léger élabore la syntaxe d'un nouveau langage pictural où le tableau n'explique pas le monde mais en exprime mouvement et puissance au moyen d'images nettes. Avec ses vifs aplats de couleurs, *La Poule blanche* incarne cette logique rigoureuse.

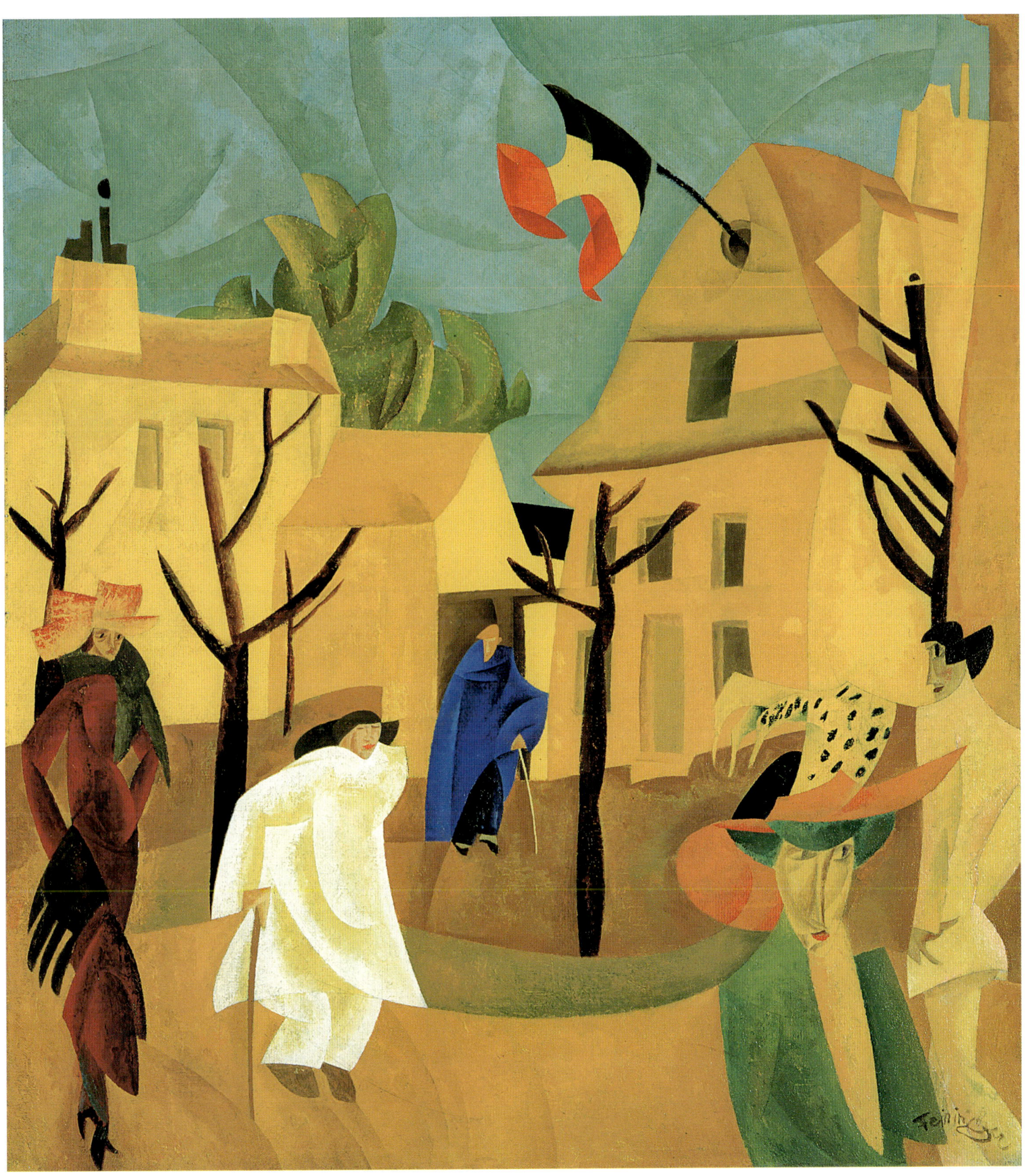
Feininger

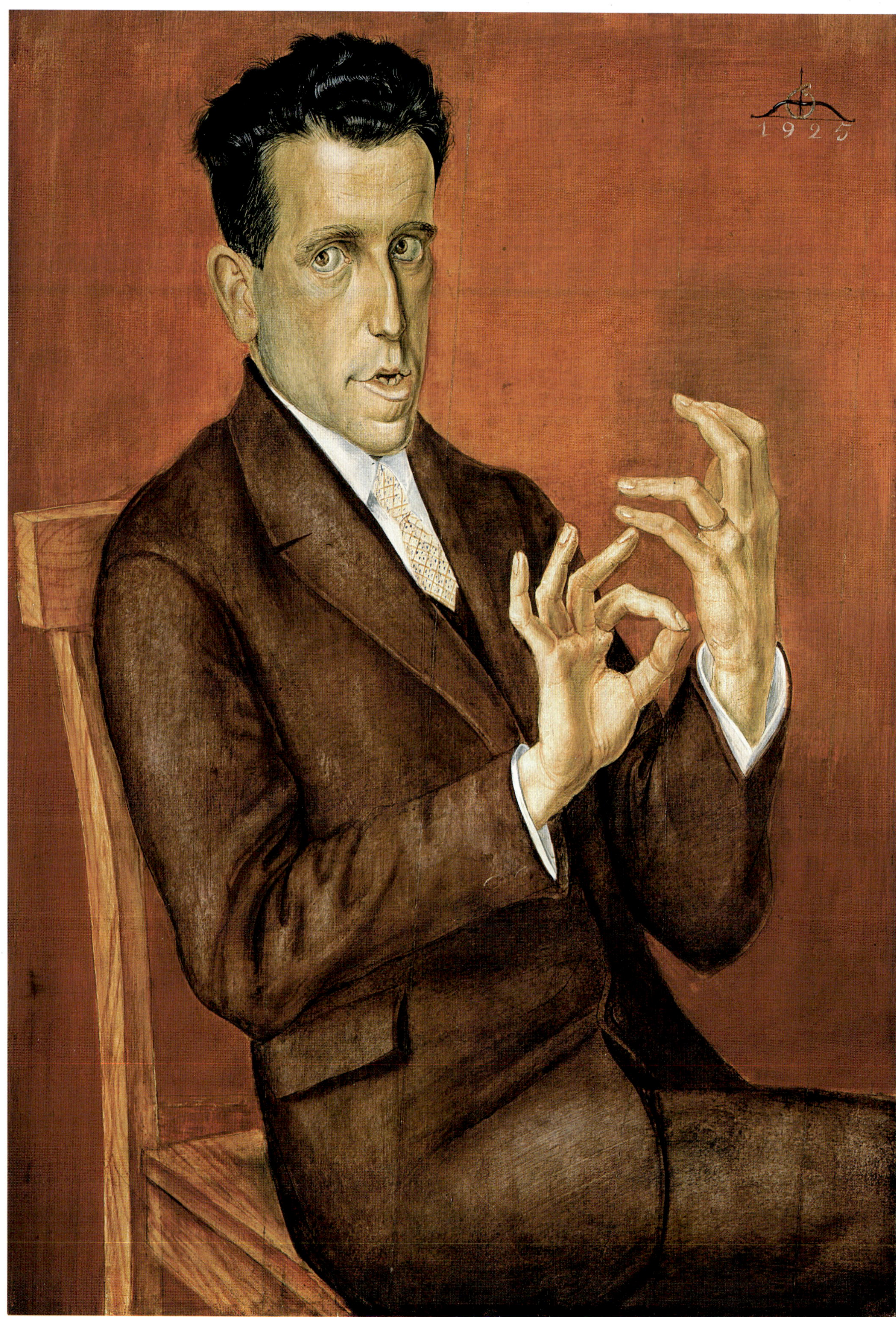
1925

PAGE DE GAUCHE
OTTO DIX
Portrait de l'avocat Hugo Simons
1925, détrempe et huile sur bois, 100,3 x 70,3 cm. Achat, subvention du gouvernement du Canada en vertu de la Loi sur l'exportation et l'importation de biens culturels, dons de la Succession J.A. DeSève, de M. et Mme Charles et Andrea Bronfman, de M. Nahum Gelber et du Dr Sheila Gelber, de Mme Phyllis Lambert, de l'Associaton des bénévoles et des Jeunes Associés du Musée des beaux-arts de Montréal, de Mme Louise L. Lamarre, de M. Pierre Théberge et du fonds d'acquisition du Musée et legs Horsley et Annie Townsend.

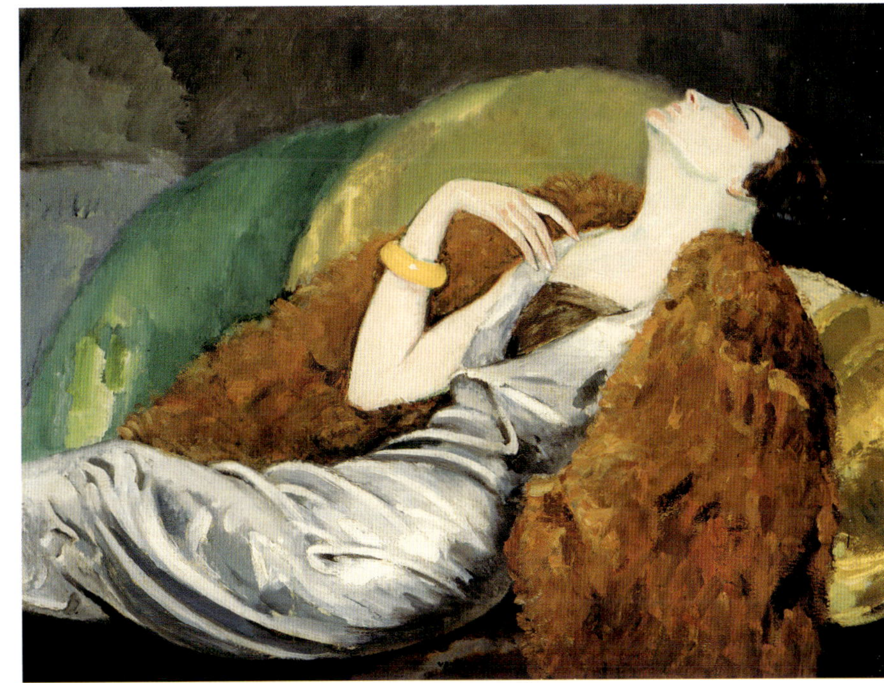

PORTRAITS DE L'ENTRE-DEUX-GUERRES

Le portrait connaît un renouveau dans l'Europe des années 1920. Car le visage de la société a changé après le désastre de la Première guerre. Traumatisée, désabusée, elle rejette l'ordre ancien pour célébrer la modernité et la jeunesse : c'est l'euphorie des Années folles. Obsédé par les horreurs vécues au Front, Otto Dix adopte un style au réalisme implacable. Fondateur parmi d'autres du mouvement allemand «La Nouvelle Objectivité», il dénonce sans complaisance le malaise social régnant dans la jeune république de Weimar. Pour remercier l'amateur d'art et l'avocat juif Hugo Simons, qui défendit avec brio sa liberté artistique lors d'un procès contre un mauvais payeur, Otto Dix dépeint avec amitié un homme vif et intelligent [ill. page de gauche]. Ici, les talents d'orateur de Simons sont rendus par un jeu de mains sophistiqué, référence aux maîtres de la Renaissance germanique, tels que Dürer. Surnommé Hans Baldung Dix, il utilisait d'ailleurs une technique mixte à l'ancienne constituée d'une détrempe à l'œuf sur panneau de bois recouverte d'un glacis à l'huile. Ces trois portraits concentrent toute l'expressivité dans les mains, animées par les gestes déliés des modèles. L'élégante inconnue de Kees van Dongen alanguie dans un canapé, précieuse odalisque de «l'époque cocktail», offre une vision légèrement cynique d'une société de débauche se délectant de vains artifices. La jeune fille (une voisine) peinte par Salvador Dalí est plus sévère, dans l'esprit du «retour à l'ordre» soufflant dans les années 1920 : l'artiste, encore étudiant, puise dans le répertoire classique. Dalí n'est alors pas encore le trublion surréaliste que l'on connaît.

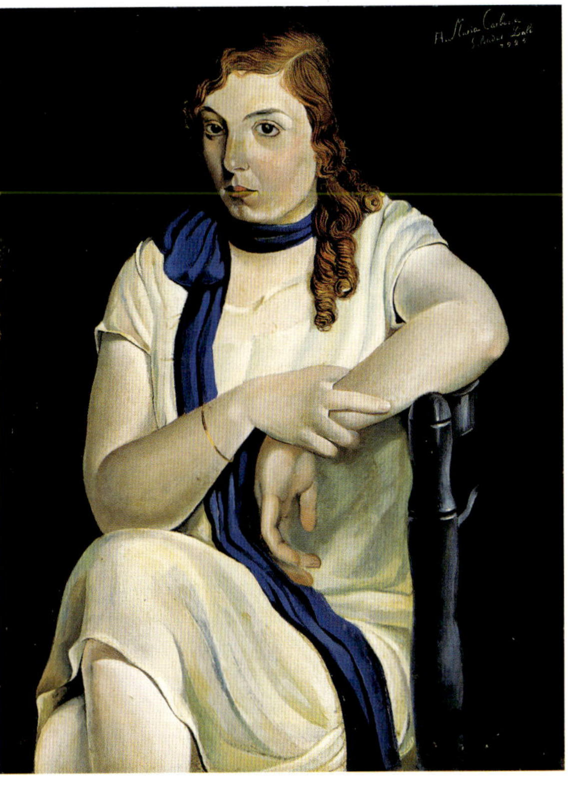

CI-DESSUS
KEES VAN DONGEN
La Femme au canapé
Vers 1920, huile sur toile, 89,2 x 116,8 cm. Don du Dr Max Stern.

CI-CONTRE
SALVADOR DALÍ
Portrait de Maria Carbona
1925, huile sur carton, 53 x 40 cm. Achat, fonds de l'Association des bénévoles du Musée des beaux-arts de Montréal.

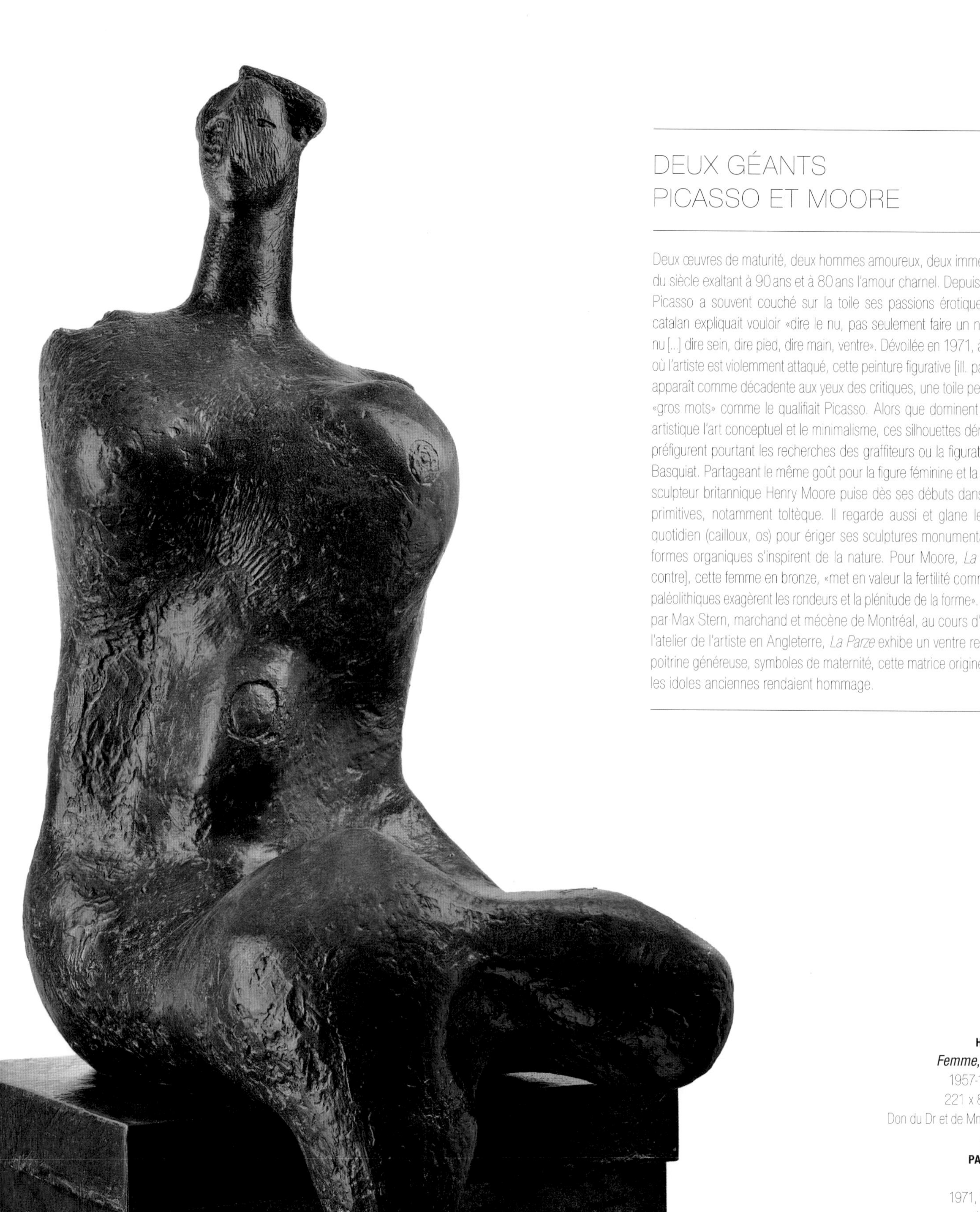

DEUX GÉANTS PICASSO ET MOORE

Deux œuvres de maturité, deux hommes amoureux, deux immenses artistes du siècle exaltant à 90 ans et à 80 ans l'amour charnel. Depuis sa jeunesse, Picasso a souvent couché sur la toile ses passions érotiques. Le maître catalan expliquait vouloir «dire le nu, pas seulement faire un nu comme un nu [...] dire sein, dire pied, dire main, ventre». Dévoilée en 1971, à une époque où l'artiste est violemment attaqué, cette peinture figurative [ill. page de droite] apparaît comme décadente aux yeux des critiques, une toile peinte avec des «gros mots» comme le qualifiait Picasso. Alors que dominent sur la scène artistique l'art conceptuel et le minimalisme, ces silhouettes dérangent. Elles préfigurent pourtant les recherches des graffiteurs ou la figuration libre d'un Basquiat. Partageant le même goût pour la figure féminine et la sensualité, le sculpteur britannique Henry Moore puise dès ses débuts dans les cultures primitives, notamment toltèque. Il regarde aussi et glane les rebuts du quotidien (cailloux, os) pour ériger ses sculptures monumentales dont les formes organiques s'inspirent de la nature. Pour Moore, *La Parze* [ill. ci-contre], cette femme en bronze, «met en valeur la fertilité comme les Vénus paléolithiques exagèrent les rondeurs et la plénitude de la forme». Commandée par Max Stern, marchand et mécène de Montréal, au cours d'une visite de l'atelier de l'artiste en Angleterre, *La Parze* exhibe un ventre rebondi et une poitrine généreuse, symboles de maternité, cette matrice originelle à laquelle les idoles anciennes rendaient hommage.

CI-CONTRE
HENRY MOORE
Femme, dit La Parze
1957-1958, bronze,
221 x 80,5 x 92 cm.
Don du Dr et de Mme Max Stern.

PAGE DE DROITE
PABLO PICASSO
Étreinte
1971, huile sur toile,
195 x 130 cm.
Don de Jacqueline Picasso.

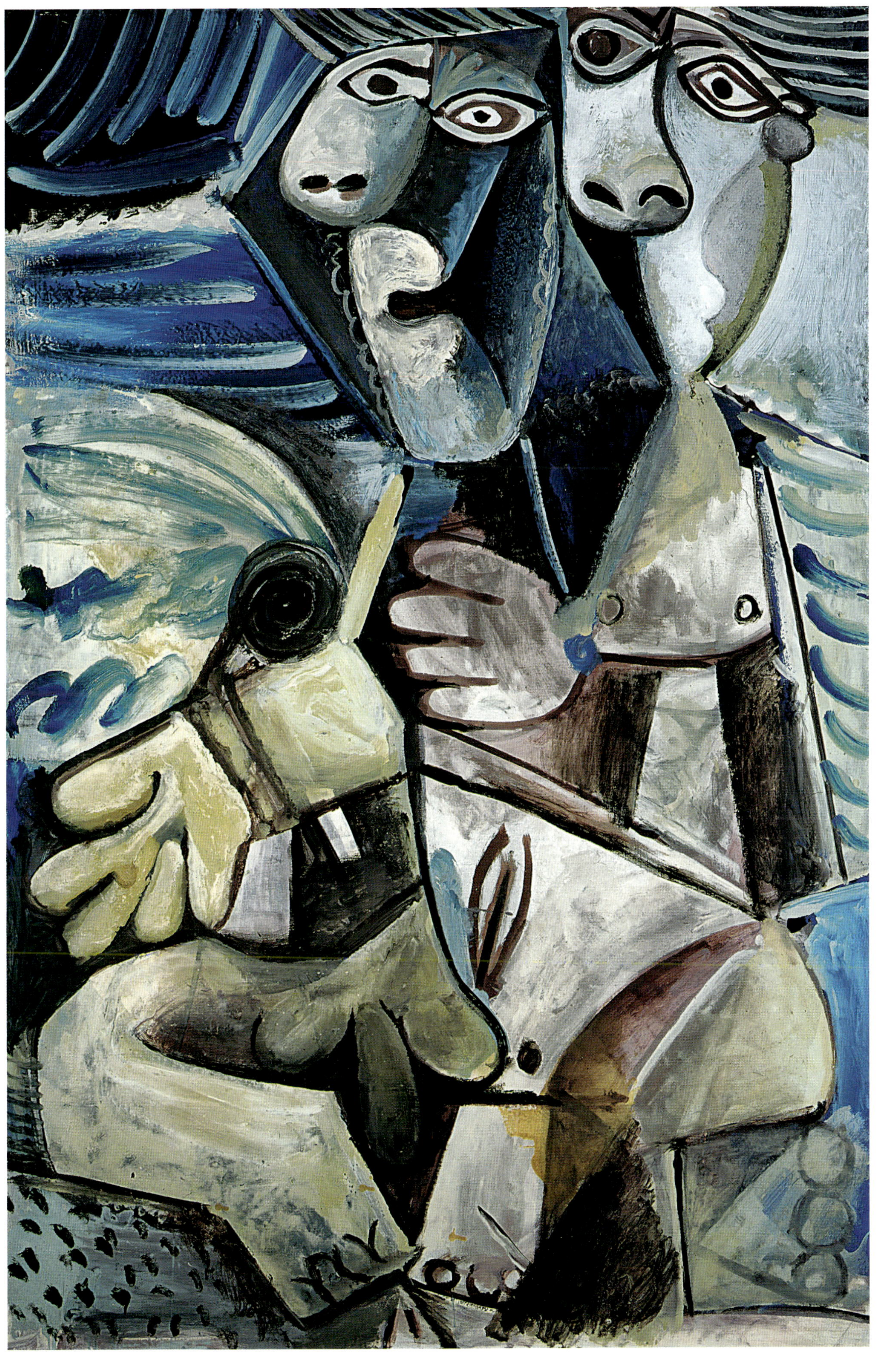

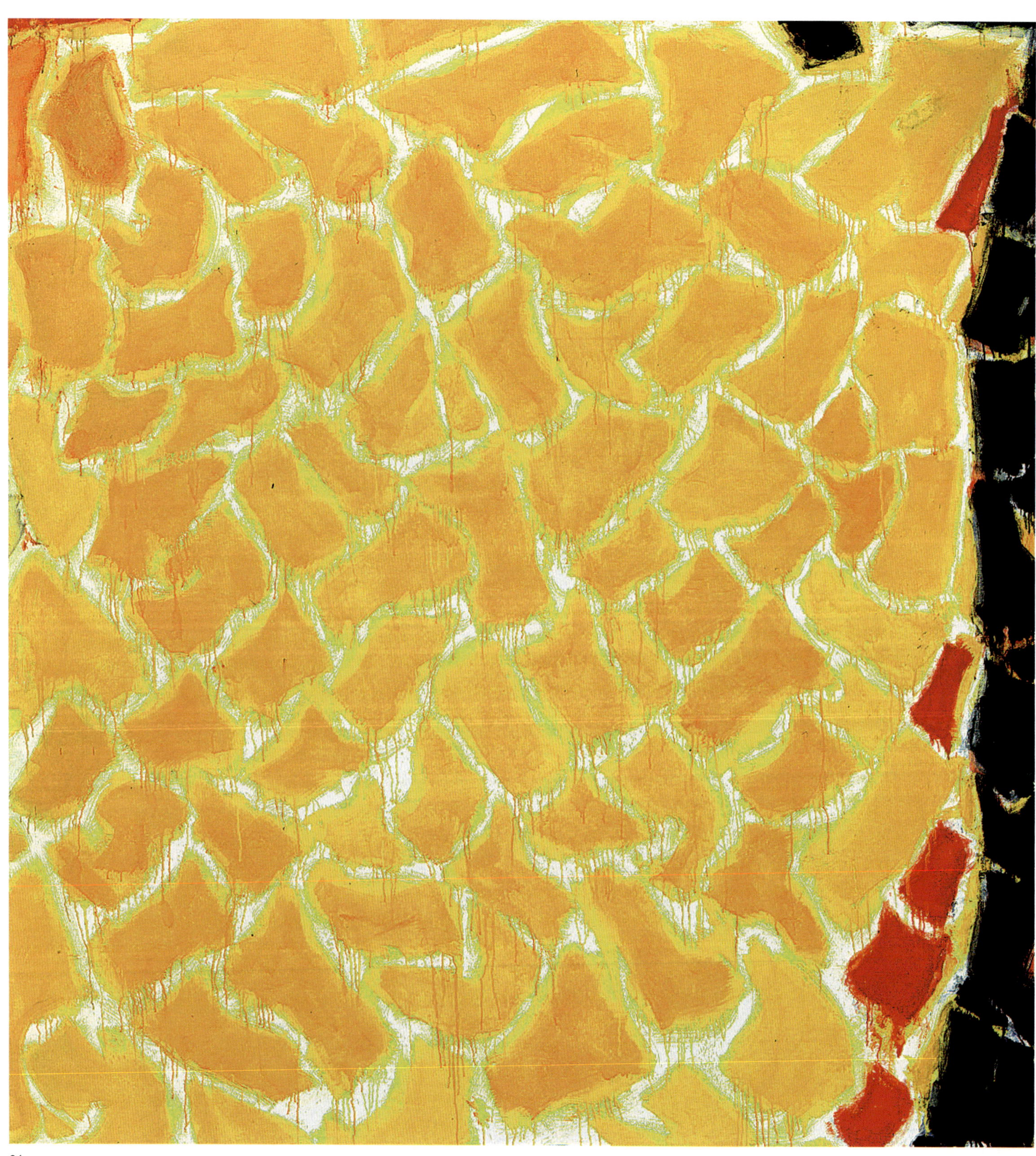

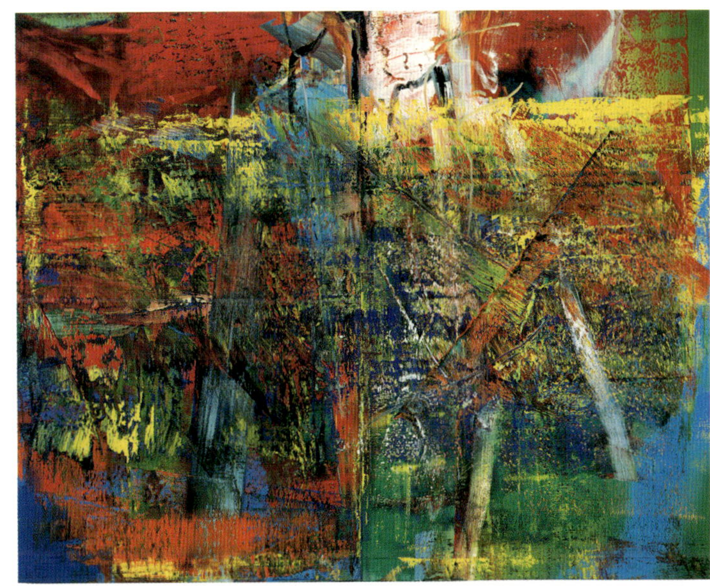

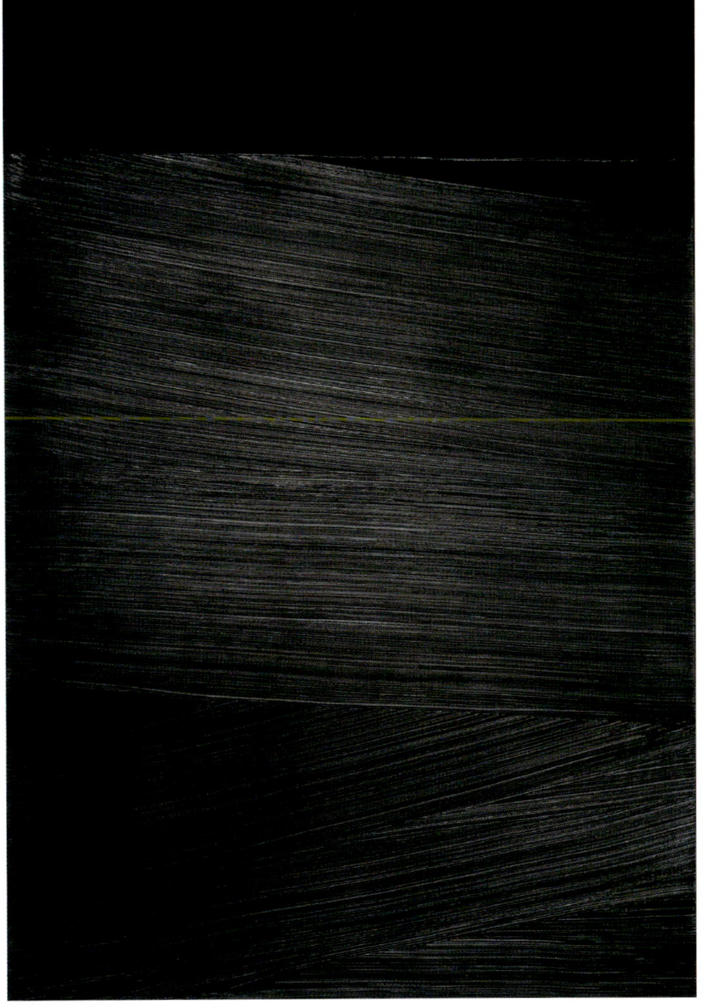

CI-CONTRE DE HAUT EN BAS
GERHARD RICHTER
AB Mediation
1986, huile sur toile,
320 x 400 cm. Achat, legs Horsley
et Annie Townsend et fonds
de l'Association des bénévoles du
Musée des beaux-arts de Montréal.

PIERRE SOULAGES
Peinture 222 x 157 cm
24 août 1979
1979, huile sur toile,
243,8 x 154,9 cm
Don anonyme.

PAGE DE GAUCHE
SAM FRANCIS
Abstraction
1954, huile sur toile,
197,8 x 185,7 cm.
Achat, fonds M. et Mme Maurice
Corbeil et don de Gilles Corbeil.

ABSTRACTIONS

Affranchie de la représentation mimétique de la réalité visible, l'abstraction révolutionne l'art au début du xxe siècle. Dans ce mouvement non figuratif par définition, les enjeux de la représentation résident tout de même au cœur des préoccupations des artistes. Chaque peintre est libre d'imaginer son propre langage, composé de «signes» pour traduire ses émotions ou ses sensations. Le Californien Sam Francis [ill. page de gauche] fut particulièrement influencé par les gigantesques *Nymphéas* peints par Monet et exposés en permanence au musée de l'Orangerie à Paris. Sam Francis doit aux peintures tardives de l'impressionniste français son sens de l'échelle, de la couleur pure, et une sensibilité à la fluidité de la lumière qu'il n'a de cesse d'explorer dans ses grands formats. L'Allemand Gerhard Richter manifeste une fascination critique pour les modes de construction de l'image ce qui le conduit à explorer tout autant l'abstraction que la figuration. Il occupe de ce fait une position unique dans l'histoire de la peinture du xxe siècle. La violente explosion de couleurs dans *AB Mediation* est contrôlée par l'application mécanique de la peinture, tandis que par endroits, la surface brossée suggère des effets de paysage vus à travers une chambre photographique [ill. ci-dessus]. L'œuvre du Français Pierre Soulages date de 1979, année où le peintre adopte ce qu'il baptise «l'Outrenoir» [ill. ci-contre]. Il s'émancipe de l'utilisation du pinceau au profit du couteau et de la spatule pour étaler la peinture : «Ce que l'on voit devant mes toiles, c'est de la lumière transformée, transmutée par le noir. Il s'agit d'une lumière qui vient du mur vers celui qui regarde.»

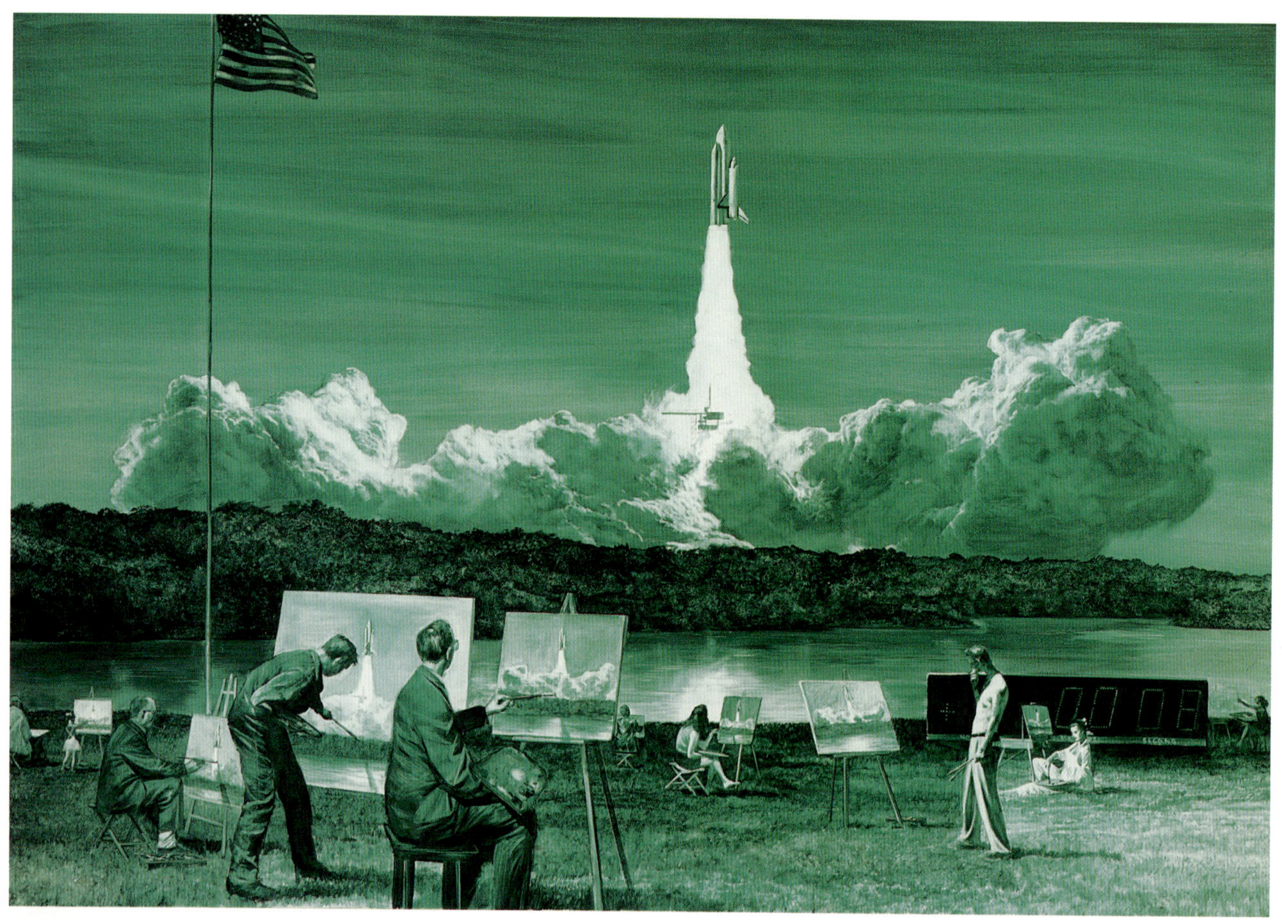

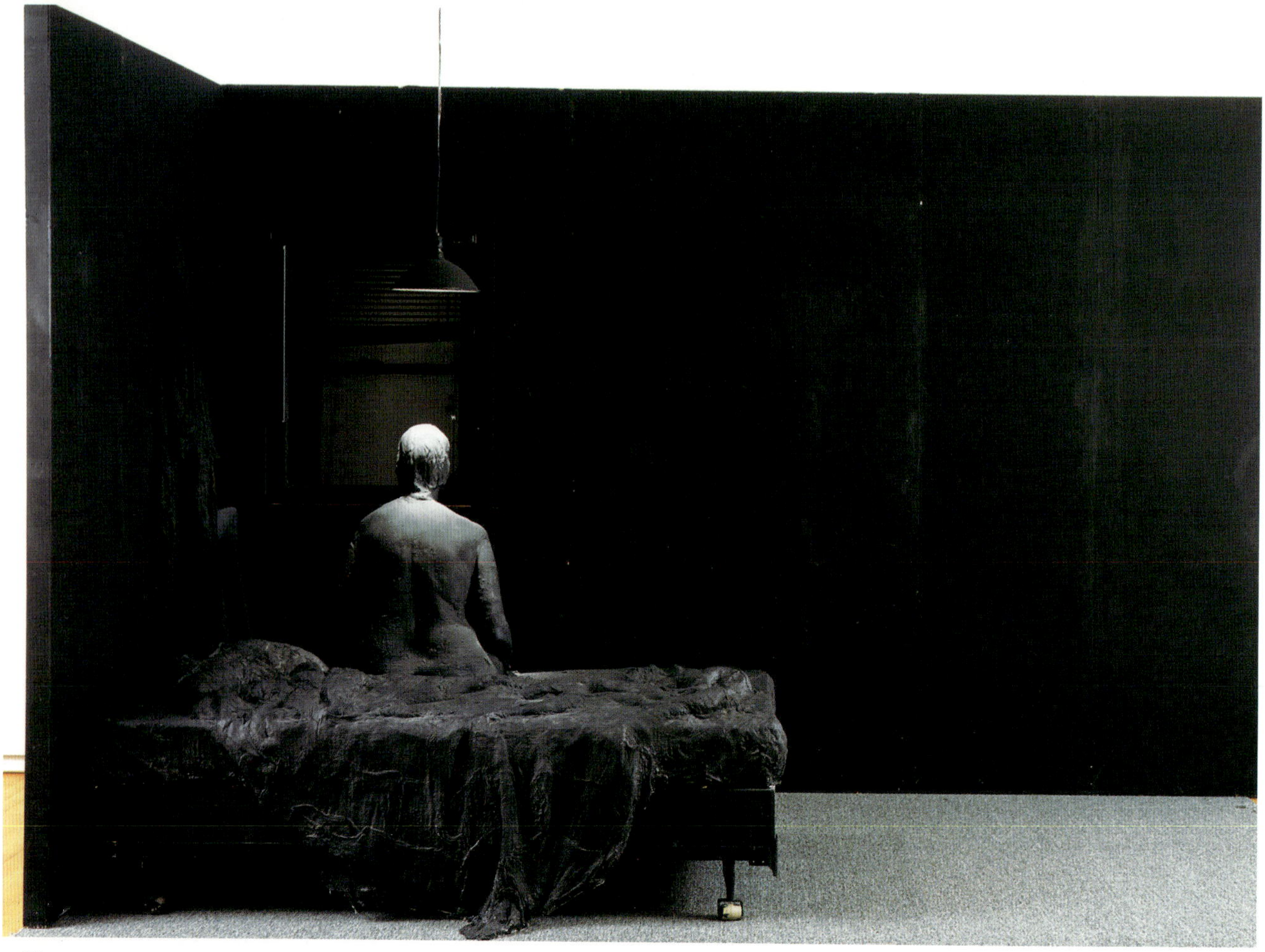

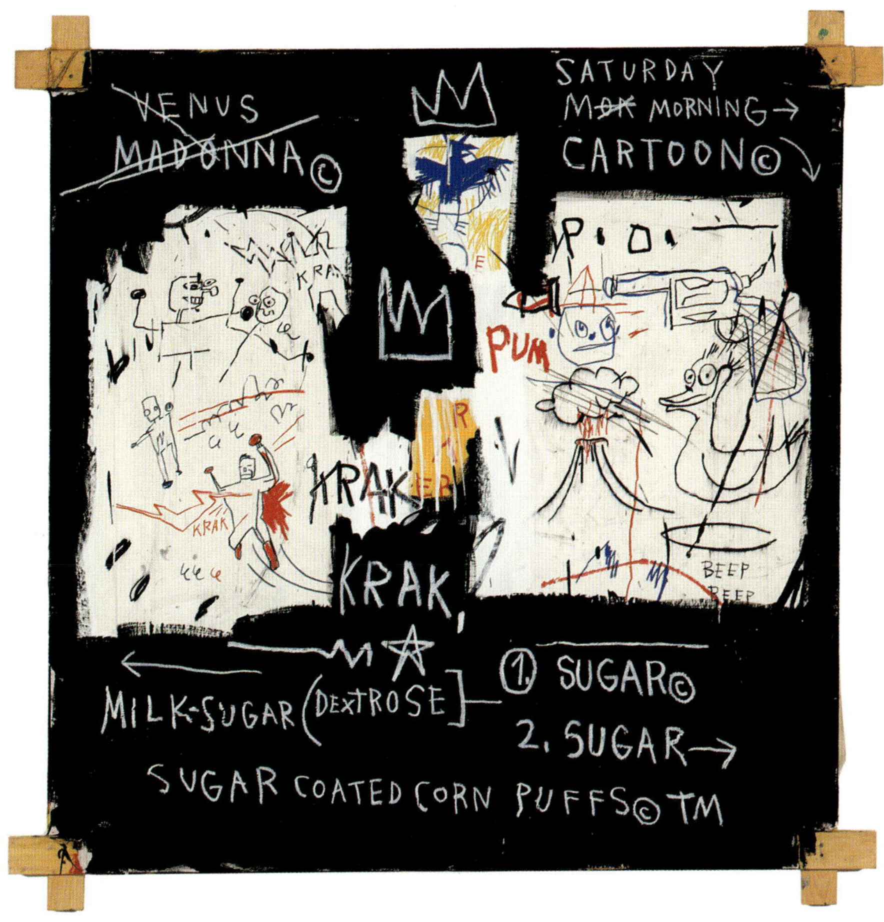

FIGURATIONS

Au début des années 1980, lassés des rigueurs de l'abstraction expressionniste ou conceptuelle, des artistes new-yorkais réintroduisent le sujet humain au cœur de leur travail. Mark Tansey est un des chantres de ce retour à la figuration. En intitulant sa toile *Action Painting II* [ill. page de gauche en haut], il ironise sur le terme inventé par le critique américain Harold Rosenberg pour décrire l'engagement physique dans la peinture des artistes de l'abstraction gestuelle tels Jackson Pollock. Les personnages de Tansey tentent ici vainement de «peindre une action» : une fusée en plein décollage. Admirateur de Rembrandt, George Segal fait émerger des figures en clair-obscur dans ses sculptures [ill. page de gauche en bas]. Plongée dans le noir, cette femme assise sur des couvertures, peut-être froissées par une nuit d'angoisse, dégage une vive émotion : figure de dos au visage muet, elle semble emmurée dans une angoisse existentielle. En fréquentant la rue et les graffeurs, Jean-Michel Basquiat s'est lui forgé un style autrement personnel. Mort à 27 ans d'une overdose, Basquiat est d'origine haïtienne et portoricaine. Au début des années 1980, il signe ses premières toiles sous le pseudonyme de «SAMO» *(Same Old Shit)* : surfaces denses, écritures, collages et personnages squelettiques seront sa marque de fabrique. Très vite, Basquiat s'est fait une place dans la culture avant-gardiste de l'époque, devient l'ami d'Andy Warhol et des stars de l'underground. Convoquant Superman, Beep Beep le Coyote et un pistolet en jouet sorti d'une boîte de corn flakes, *Un comité d'experts* [ill. ci-contre] se rapporte avec humour à une anecdote biographique : la bagarre entre deux déesses, «Vénus» et «Madonna», soit Suzanne Mallouk, la petite amie de Basquiat d'alors, jalouse de la chanteuse pop à qui ce tableau a d'ailleurs appartenu.

PAGE DE GAUCHE DE HAUT EN BAS
MARK TANSEY
Action Painting II
1984, huile sur toile,
193 x 279,4 cm.
Don de Nahum Gelber, c.r.

GEORGE SEGAL
Femme assise sur un lit
1993, plâtre, bois, peinture acrylique,
matériaux divers, 244 x 363 x 217 cm.
Achat, legs Horsley et Annie Townsend.

CI-DESSUS
JEAN-MICHEL BASQUIAT
Un comité d'experts
1982, acrylique et pastel à l'huile
sur papier marouflé sur toile,
152,5 x 152 cm.
Don d'Ira Young.

CI-DESSOUS DE HAUT EN BAS
ROBERT LONGO
Joe Test / Russian
2004, fusain sur papier vélin, 100,4 x 125,4 cm. Achat, fonds de la Campagne du Musée 1988-1993.

TONY MATELLI
Vieil Ennemi, Nouvelle Victime
2006, résine de latex, poils de yack, 98 x 185 x 130 cm. Achat, legs Horsley et Annie Townsend, don anonyme et don de l'honorable Charles Lapointe, c.p.

PAGE DE DROITE
LOS CARPINTEROS
Estuche (coffret à bijoux)
1999, cyprès, 225,1 x 129,9 x 129,9 cm. Achat, fonds de la Campagne du Musée 1988-1993.

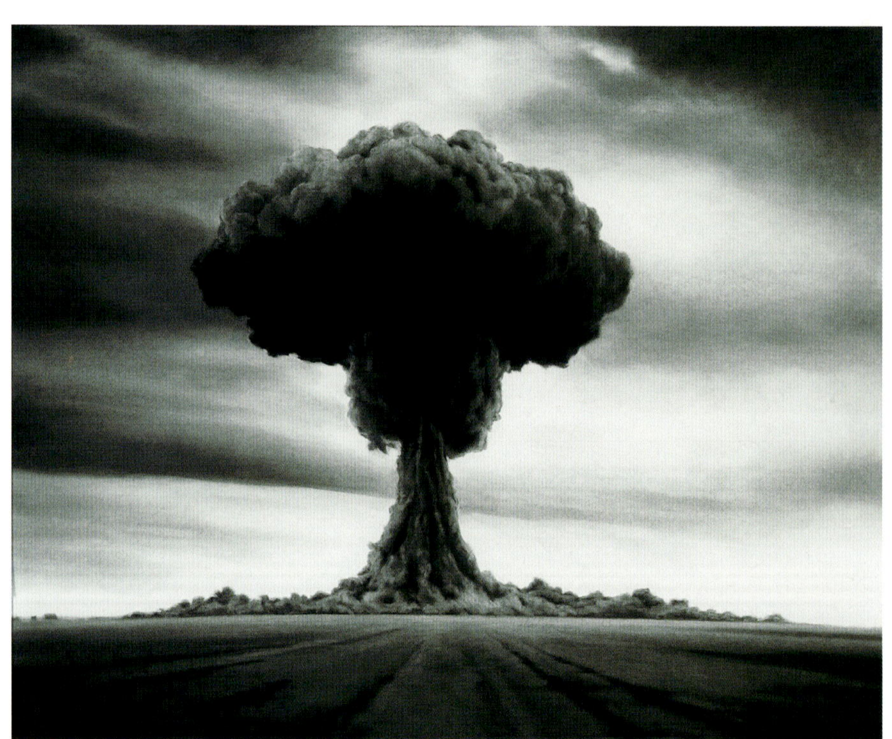

ART ACTUEL : ENTRE CONSCIENCE ET VIOLENCE

Plus que jamais aujourd'hui, le réel sous toutes ses formes prend le pas sur l'illusion et les conventions de la représentation. De l'art sociologique où l'hyperréalisme comme celui rencontré chez Tony Matelli sert davantage la métaphore que l'imitation pure et simple [ill. ci-contre]. L'artiste américain représente trois singes affamés, engagés dans l'attaque mortelle d'un chimpanzé obèse pour signaler le caractère bestial de nos comportements sociaux. C'est ici la revanche d'une société pauvre sur ses voisins gavés. À cet hyperréalisme truqué répond chez certains contemporains l'appropriation des images du quotidien qu'ils détournent et recyclent en autant de messages politiques : d'une grenade, symbole de la lutte armée cubaine et de sa révolution, le collectif Los Carpinteros, actif à La Havane, a fait un coffre pour ranger ses souvenirs, la relique échouée d'une propagande devenue obsolète. Une démarche choc que les artistes expliquent ainsi : «Nous avons découvert que derrière la fonctionnalité des objets fabriqués par l'être humain, il y a des fissures qui trahissent les pensées et son comportement.» Affichant au contraire une dimension nettement plus tragique, l'œuvre de Robert Longo est, elle, gouvernée par le noir. Ce noir de cendres confère un pouvoir d'attraction quasi morbide accentué par le format monumental de ses fusains sur papier, tel ce champignon nucléaire baptisé *Joe Test / Russian* à l'explosion aussi sublime qu'atroce.

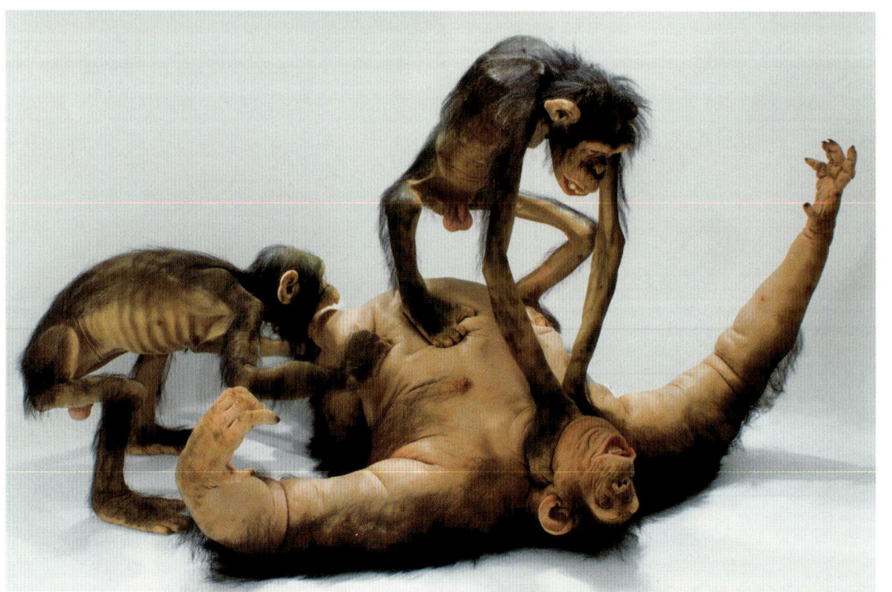

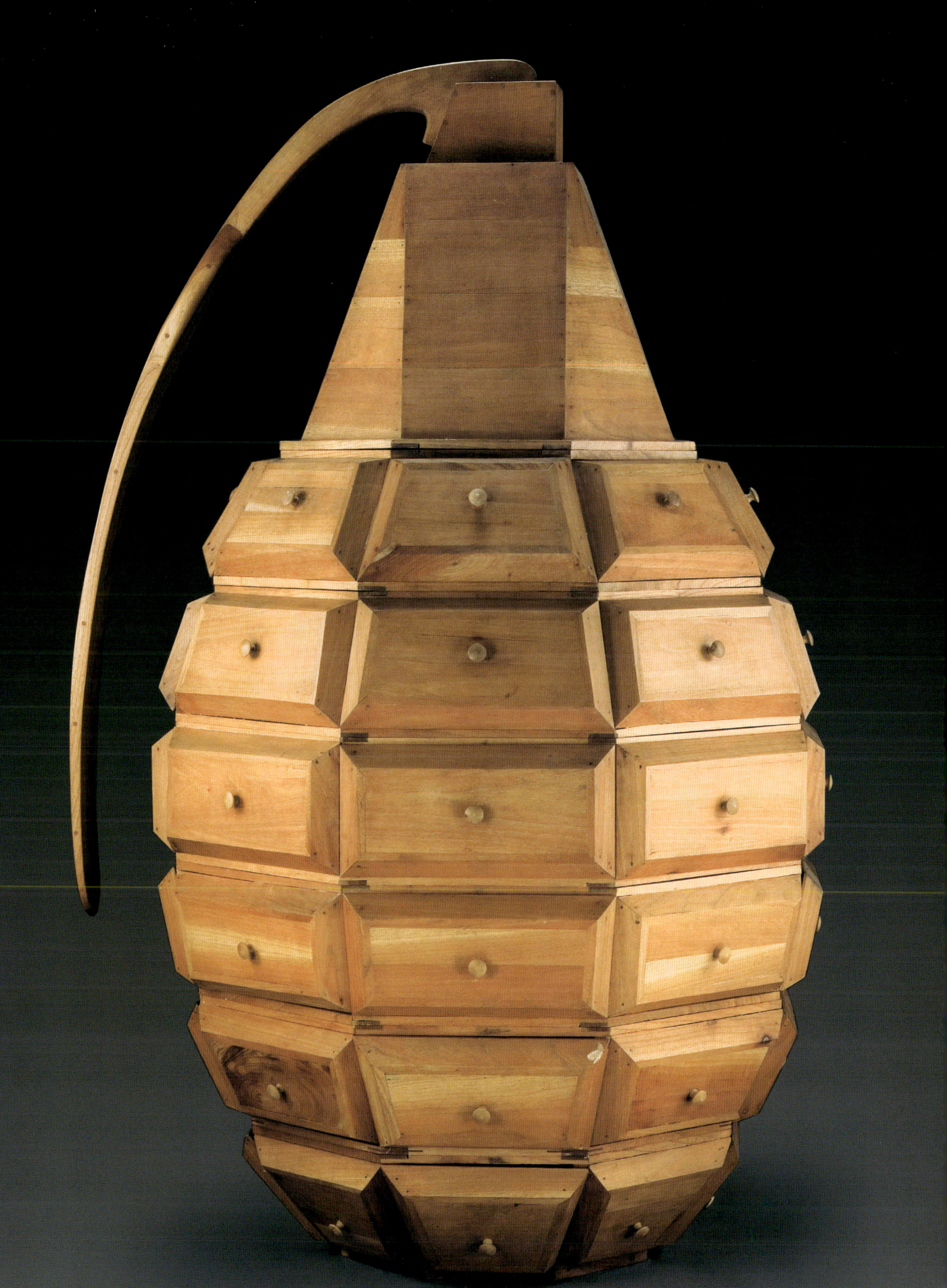

ART QUÉBÉCOIS & CANADIEN

Entre objets traditionnels de la culture amérindienne, portraits pittoresques, paysages grandioses et créations contemporaines, l'exceptionnelle collection du Musée des beaux-arts de Montréal, constituée depuis sa fondation en 1860, révèle l'histoire canadienne, de l'établissement de la Nouvelle-France jusqu'à nos jours.

OZIAS LEDUC
Nature morte au livre ouvert
1894, huile sur toile, 38,5 x 48 cm.
Achat, subvention du gouvernement du Canada en vertu de la Loi sur l'exportation et l'importation des biens culturels et don de l'Association des bénévoles du Musée des beaux-arts de Montréal.

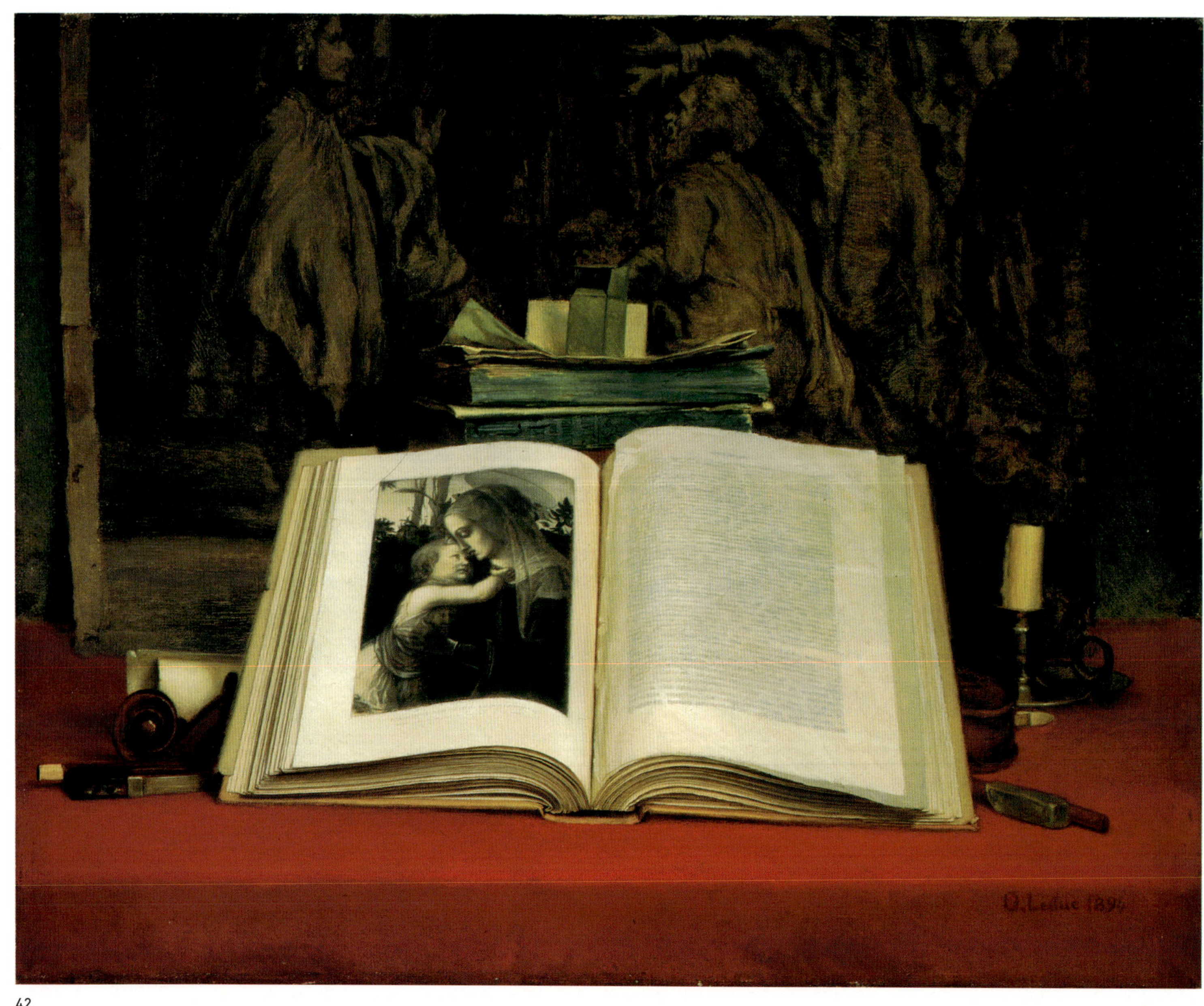

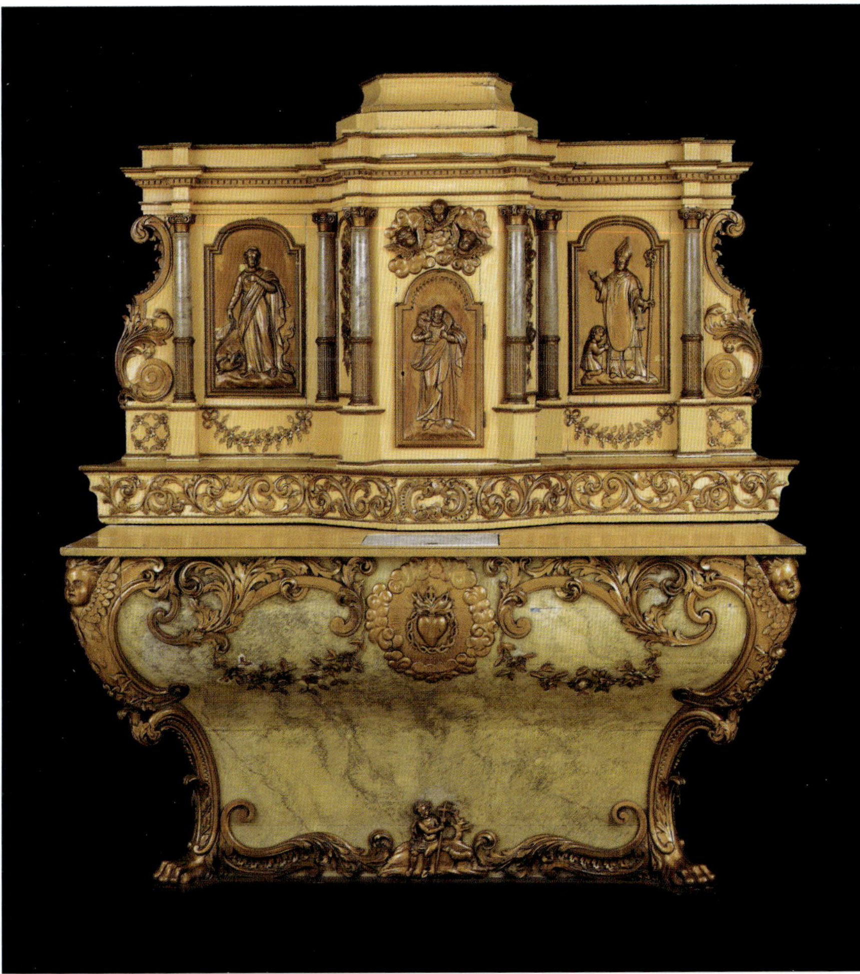

CI-CONTRE
PHILIPPE LIÉBERT
Autel du Sacré-Cœur
Hôpital général des «Sœurs Grises» de Montréal, 1790, bois polychrome et doré, 132,5 x 221 x 56 cm (tabernacle), 100 x 204 x 96,5 cm (tombeau). Don de l'Université Concordia honorant le legs des Sœurs de la Charité de Montréal, «Sœurs Grises».

CI-DESSOUS À GAUCHE
FRANÇOIS LEBRET
Calice
1642-1643, argent, haut. 29,3 cm. Don de l'Honorable Serge Joyal CP, OC, à l'occasion du 150e.

CI-DESSOUS À DROITE
ATTRIBUÉ À SALOMON MARION POUR L'ATELIER DE PIERRE HUGUET DIT, LATOUR
Baiser de paix
1810-1817, argent, 10,6 x 7,8 x 3 cm. Don de l'Honorable Serge Joyal CP, OC, à l'occasion du 150e.

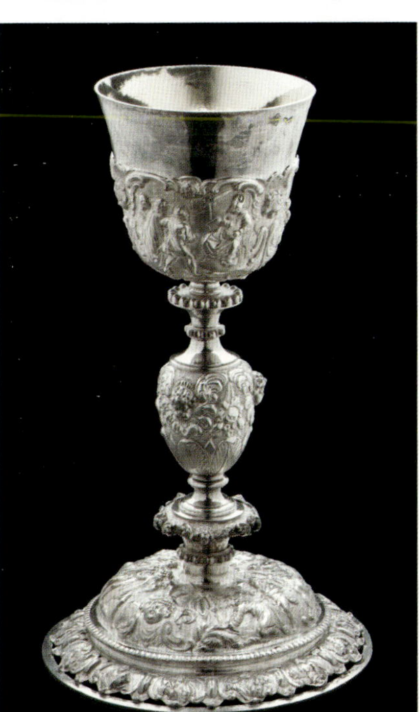

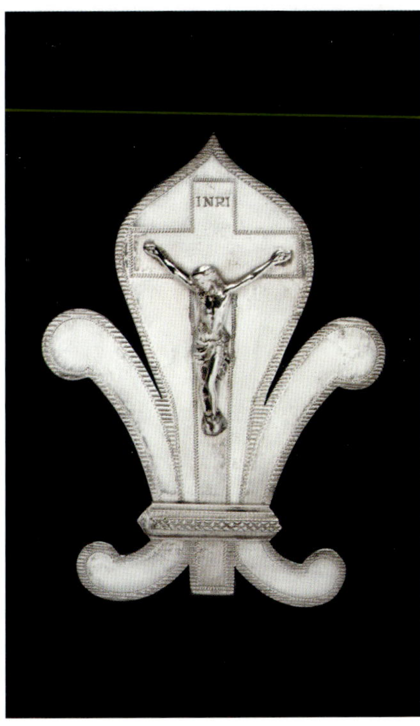

JOYAUX À LA GLOIRE DE DIEU

Montréal, autrefois ville aux cent clochers, aujourd'hui des cinq cents temples, a hérité d'une multitude d'œuvres, d'objets et de mobilier religieux. En témoignent, un calice d'orfèvrerie parisienne du XVIIe siècle [ill. ci-contre à gauche]. Si après la France, le Québec détient la plus grande collection d'orfèvrerie parisienne de cette période, ces pièces n'en demeurent pas moins rarissimes. Estimées à moins de 500 exemplaires dans le monde, celles importées en Nouvelle-France ont réchappé des grandes fontes décrétées sous le règne de Louis XIV. Également offert au Musée, et tombé en désuétude, on trouve dans les collections un rare *Baiser de paix,* objet rituel embrassé par les prêtres catholiques et les fidèles lors de l'eucharistie [ill. ci-contre à droite]. Autre trésor liturgique : l'autel du Sacré-Cœur, l'un des plus importants de la fin du XVIIIe siècle au Québec [ill. ci-dessus]. En plus des objets de culte, le Musée recèle enfin de nombreuses œuvres à l'iconographie célébrant la gloire du divin. Né au Québec en 1864, le peintre symboliste Ozias Leduc a été une figure marquante de l'art religieux, décorant une trentaine d'églises de l'est du Canada et des États-Unis. Dans cette nature morte [ill. page de gauche], l'hommage au Créateur est double : plus que Dieu c'est le souffle du peintre – incarné par la Madone de Botticelli – qu'il faut lire dans cette toile.

CI-CONTRE DE HAUT EN BAS
EMILY CARR
Pirogue indienne de guerre, Alert Bay
1912, huile sur panneau, 65 x 95,5 cm.
Don de A. Sidney Dawes.

Casque à cimier, Haïda-kaigani ou tlingit
Fin du XIXe siècle, bois, cuivre, clous, coton, peau de daim et pigments, 25 x 23,8 x 55,5 cm.
Achat, don de F. Cleveland Morgan.

BRIAN JUNGEN
Prototype for New Understanding n° 20
2004, chaussures de sport Nike, 40 x 26 x 55 cm.
Don d'Alexander Taillefer et Debbie Zakaib, à l'occasion du 150e.

PAGE DE DROITE
PAUL KANE
Caw-Wacham
Vers 1848, huile sur toile, 75,7 x 63,2 cm.
Achat, legs William Gilman Cheney.

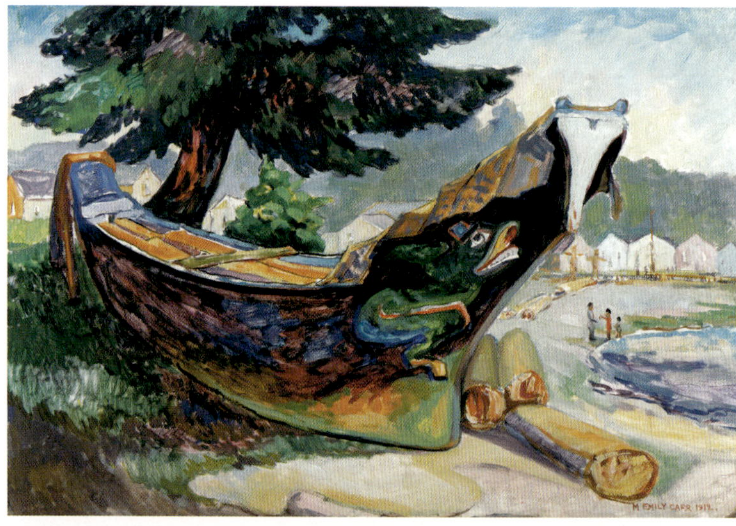

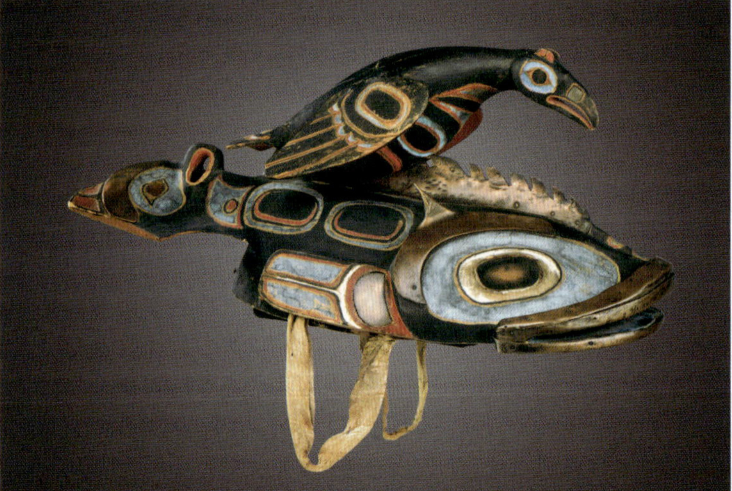

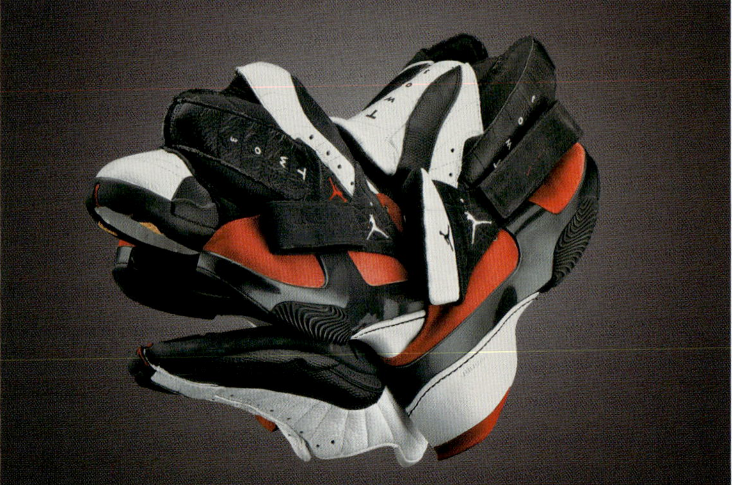

PRÉSENCES AUTOCHTONES

L'imagerie du territoire canadien s'est forgée au cours des longues fréquentations par les artistes des bois, du ciel, des montagnes et des villages amérindiens. Véritables documents ethnographiques, la plupart des œuvres de Paul Kane ont été réalisées suite à un périple de trois ans dans les grandes plaines de l'Ouest. Bien que soumis aux conventions picturales de l'époque, ses portraits ont le souci du réalisme. *Caw-Wacham* [ill. page de droite] montre comment les «Têtes-plates», une tribu établie le long des rivières de l'actuelle Colombie-Britannique, aplatissaient leurs crânes grâce à un châlit, une armature sur leurs berceaux, exerçant une pression sur la tête des nourrissons. Également inspirée par sa rencontre avec les peuples autochtones, Emily Carr visite entre 1907 et 1913 les villages de la côte ouest, où elle peint plus de deux cents tableaux. Ayant découvert le postimpressionnisme à Paris, l'artiste donne à cette *Pirogue indienne de guerre* des couleurs fauves [ill. ci-contre en haut]. Elle réinterprète avec des accents modernistes la tradition de la nation *Kwakwaka'wakw,* qui vivait aux environs d'Alert Bay (actuelle Colombie-Britannique). Créateur et bienfaiteur de l'humanité, le corbeau est un des principaux motifs des totems et des casques des peuples de l'Ouest canadien. En contemplant le corbeau et le poisson du cimier Haïda, on comprend que leurs motifs géométriques, sculptés au XIXe siècle, aient séduit de grands représentants de l'art moderne et contemporain, tel le designer américain Louis Comfort Tiffany auquel cet objet a appartenu [ill. ci-contre au centre]. Le masque contemporain en chaussures de sport de Brian Jungen rend hommage aux rites amérindiens, ici des masques cérémoniels [ill. ci-contre]. Une dénonciation de la standardisation de notre culture vestimentaire.

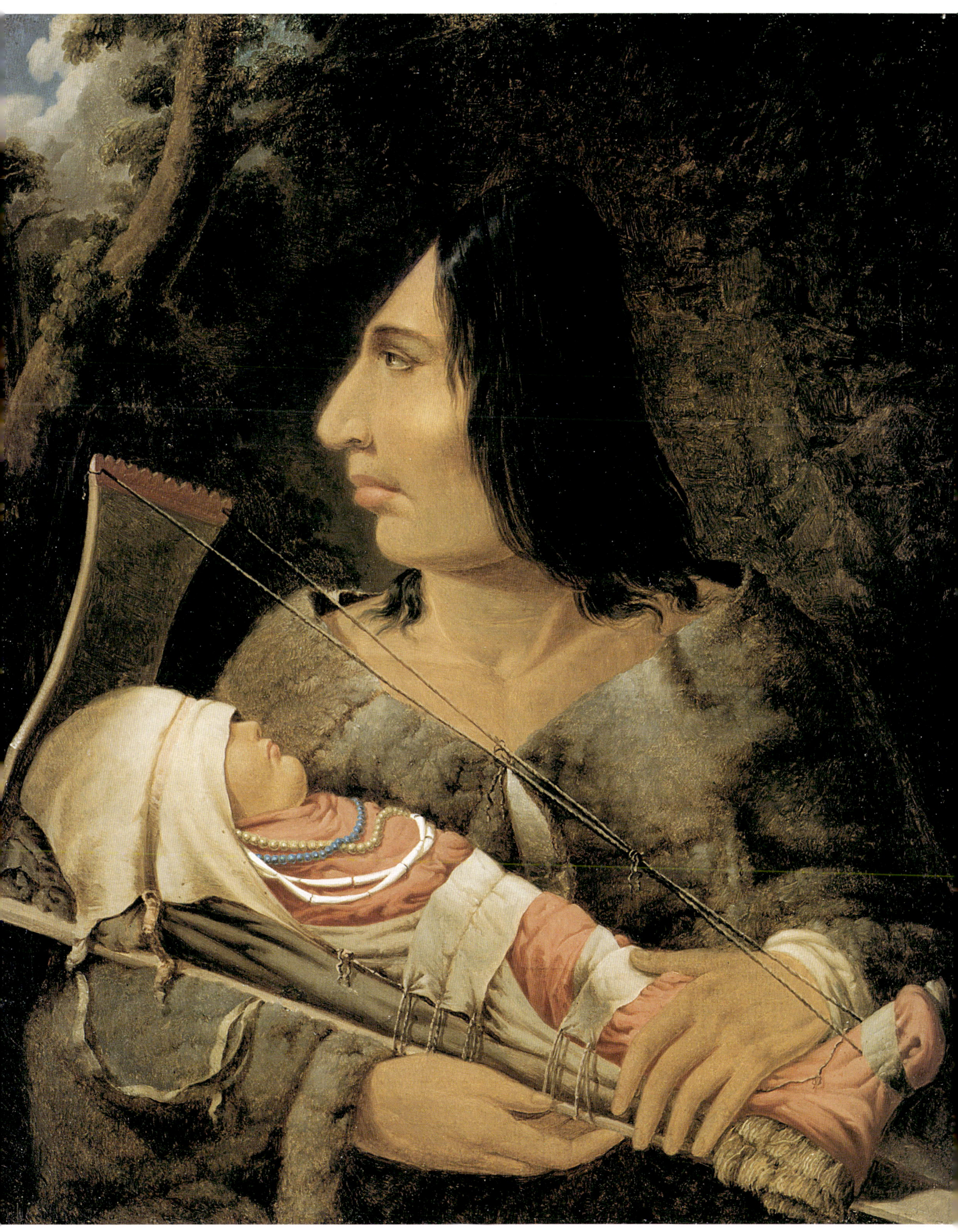

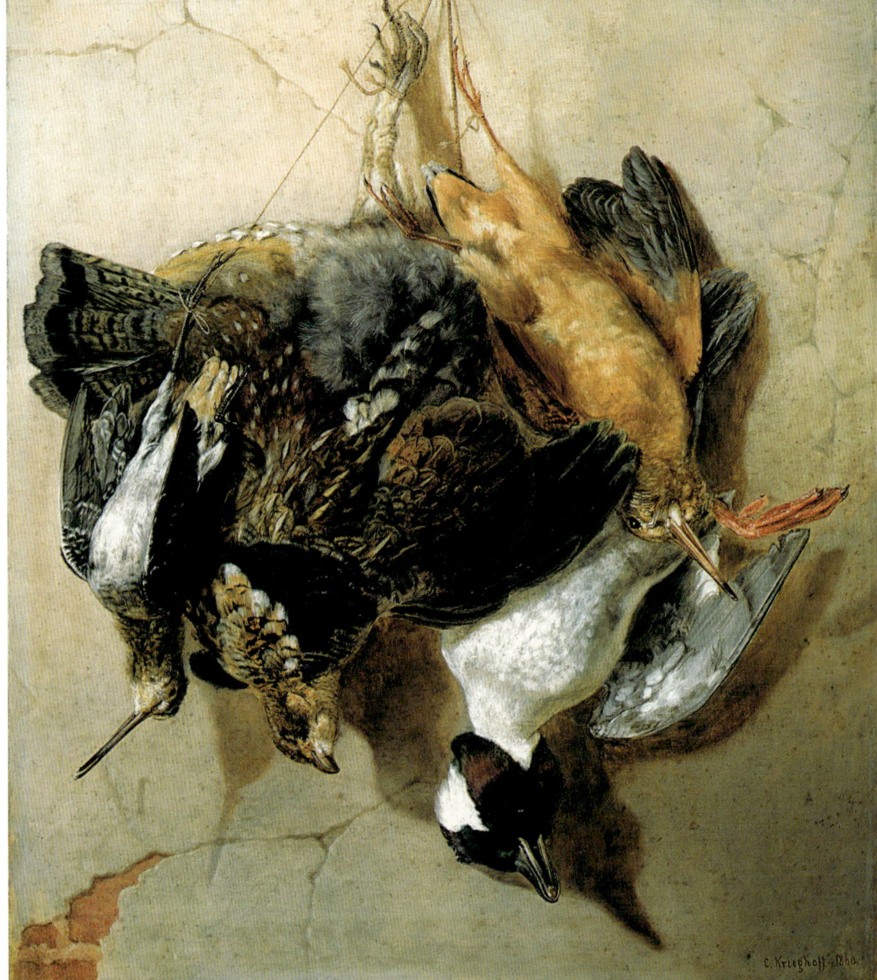

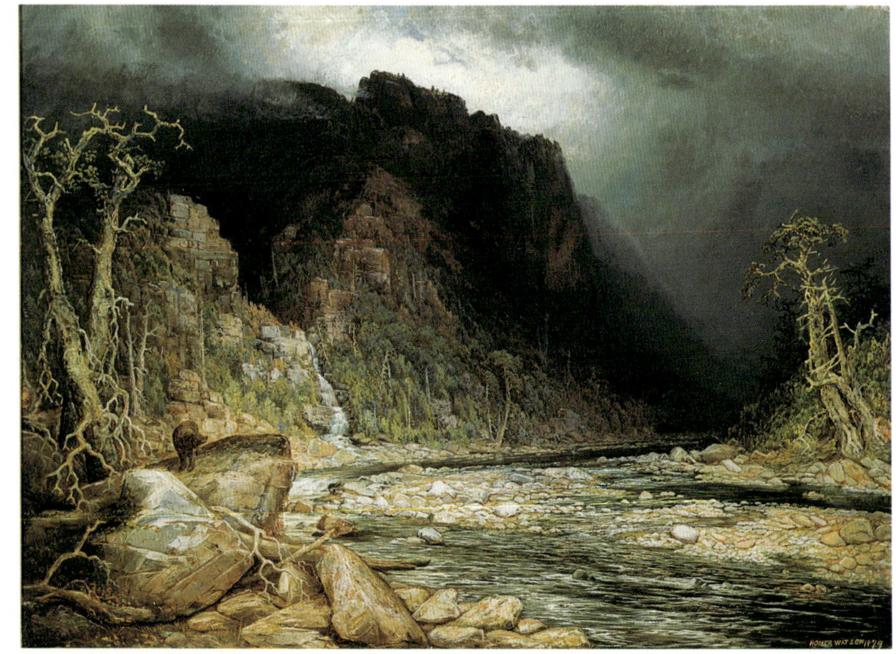

CI-CONTRE
CORNELIUS KRIEGHOFF
Nature morte au gibier
1860, huile sur toile,
61,6 x 51,8 cm.
Achat, legs Serge Desroches, Hermina Thau, David R. Morrice, Mary Eccles, Jean Agnes Reid Fleming, Geraldine C. Chisholm, Margaret A. Reid, F. Eleanore Morrice.

CI-DESSOUS
HOMER RANSFORD WATSON
L'Approche de l'orage dans les Adirondacks
1879, huile sur toile,
95,7 x 118,3 cm.
Don de George Hague.

TERRITOIRES HABITÉS

Dès le milieu du XIXe siècle, les espaces naturels du Québec, sa faune et sa flore, deviennent, à la suite des dessinateurs topographes britanniques, le motif privilégié de peintres restituant sur la toile cette nature sauvage encore peu explorée. Paysagiste parmi les plus en vue de l'époque, Homer Watson souligne, dans une veine toute romantique, le caractère majestueux – et quasi spirituel – de son environnement naturel. Peinte en 1879, une de ses premières toiles, *L'Approche de l'orage dans les Adirondacks* [ill. ci-contre] fait jouer les contrastes entre la clarté d'un cours d'eau sur les roches et un ciel obscurci par l'imminence d'un orage. L'effet dramatique de la scène est renforcé par la touche de lumière posée à contre-jour sur la crête du massif montagneux – un procédé récurrent chez les peintres de l'Hudson River School que Watson avait découvert aux États-Unis. D'origine germano-hollandaise, l'influence de Cornelius Krieghoff renvoie plutôt aux maîtres anciens de son pays d'origine, Bruegel le Vieux ou Jan Steen. Davantage reconnu pour ses représentations pittoresques de paysans et d'Amérindiens, Krieghoff réutilise les conventions de la peinture européenne avec cette splendide *Nature morte au gibier,* un genre atypique dans son corpus [ill. ci-dessus]. S'inscrivant dans un losange, suspendus à un mur de brique recouvert de crépi, la bécassine des marais, la gélinotte huppée, le petit garrot et la bécasse d'Amérique offrent au regard la riche palette chromatique de leur plumage, comme ils témoignent de l'emprise de l'homme sur la nature.

L'ÉPOQUE DES SALONS

Entre 1880 et 1914, plus de deux cents artistes canadiens font le voyage en Europe, étudiant les chefs-d'œuvre du passé et fréquentant les meilleures écoles d'art. Ces séjours leur offrent aussi l'occasion de participer aux grandes manifestations des capitales pour s'y faire repérer par la critique. Paul Peel, qui a passé la majeure partie de sa carrière en France, est de ces peintres auxquels Paris offre la consécration. D'abord élève de Gérôme à l'École des beaux-arts, Peel expose aux Salons de Paris où il reçoit en 1890 une médaille de bronze. La formation académique reçue par l'artiste, centrée sur l'étude d'après modèle, impose la figure humaine comme sujet par excellence. Une toile comme *Le Repos* présente un académisme tempéré par une volonté de réalisme et de sensualité, visible dans le déploiement de la chevelure de la femme endormie se refusant au spectateur.

PAUL PEEL
Le Repos
Vers 1890, huile sur toile,
58,1 x 78,1 cm.
Achat, legs Harold Lawson.

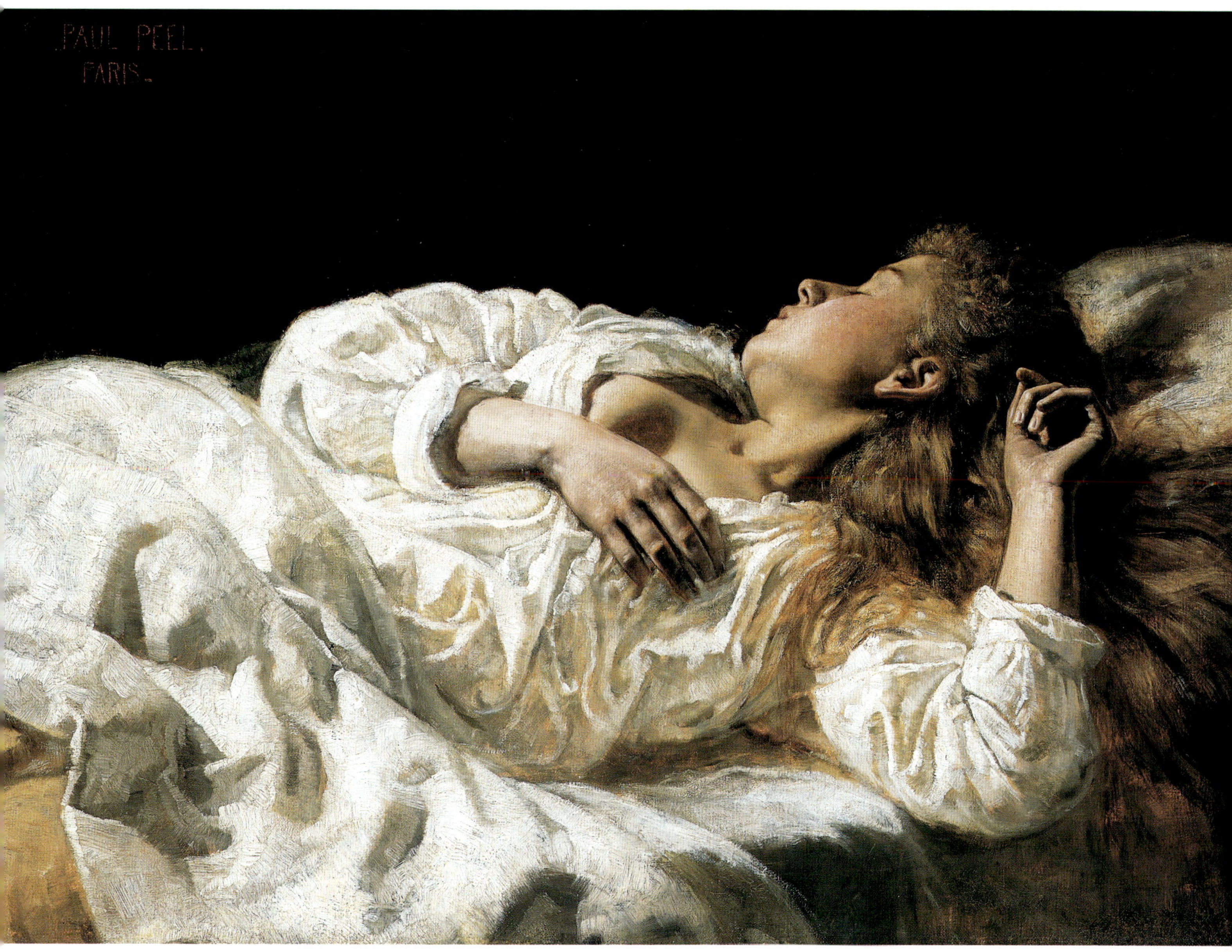

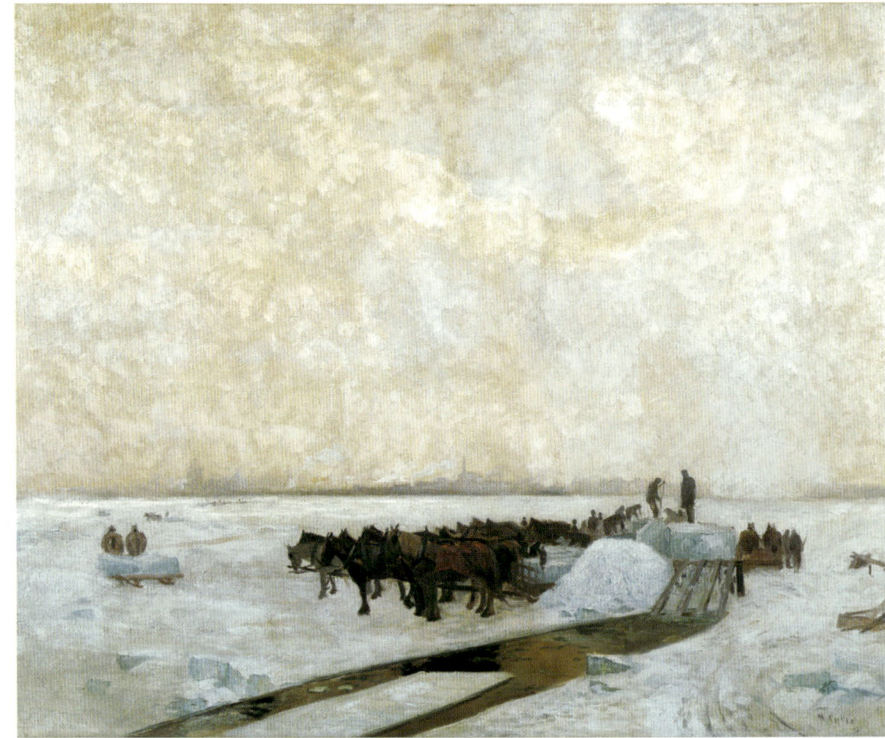

CI-CONTRE
MAURICE CULLEN
La Coupe de la glace
1914, huile sur toile,
144,1 x 177,5 cm.
Achat, fonds A. Sidney Dawes.

CI-DESSOUS
ALFRED LALIBERTÉ
Les Pêcheurs au flambeau de l'île d'Orléans
1928-1932, plâtre,
51,5 x 49 x 32,5 cm.
Don de David et Claire Molson.

LE QUÉBEC D'AUTREFOIS

«C'est un de mes chefs-d'œuvre», affirmait Marc-Aurèle Fortin. Le paysage de Sainte-Rose, ancien village de l'île Jésus (aujourd'hui Laval), a eu un impact considérable sur l'enfant du pays. Fortin fit son emblème des ormes d'Amérique, ces géants qui symbolisaient autrefois le Québec avant d'être décimés par la maladie. Dans la *Ferme à Sainte-Rose* s'élèvent de gigantesques cathédrales de verdure au-dessus des fermes et des champs cultivés [ill. page de droite]. Les frondaisons démesurées de ces arbres constituent l'essentiel de la surface du tableau. Cette vision subjective de l'artiste paysagiste qui cerne les motifs de son sujet et ajoute de vifs contrastes de couleurs témoigne de sa modernité dans le contexte québécois. À l'instar de la génération précédente, le sculpteur Alfred Laliberté et le peintre Maurice Cullen fréquentèrent l'École des beaux-arts à Paris. Au long de sa carrière, Laliberté honore de multiples commandes, notamment 214 statuettes en bronze pour le Musée de la province de Québec illustrant les métiers, les coutumes et les légendes de jadis, avant l'ère des machines. L'un des plâtres préparatoires de la série, *Les Pêcheurs au flambeau de l'île d'Orléans* [ill. ci-contre] évoque la traditionnelle pêche nocturne de l'anguille. Également fidèle interprète des traditions québécoises à travers ses paysages, Cullen est l'un des peintres canadiens qui a le mieux restitué la neige, rendant de façon saisissante l'air glacial et le dur labeur sur le fleuve Saint-Laurent dans *La Coupe de la glace* [ill. ci-dessus].

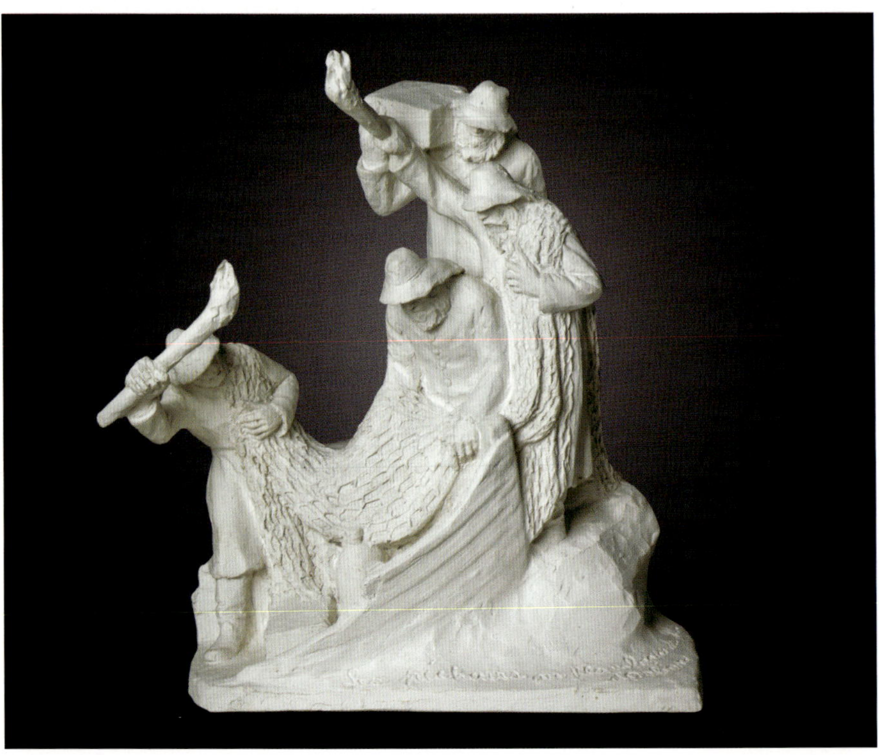

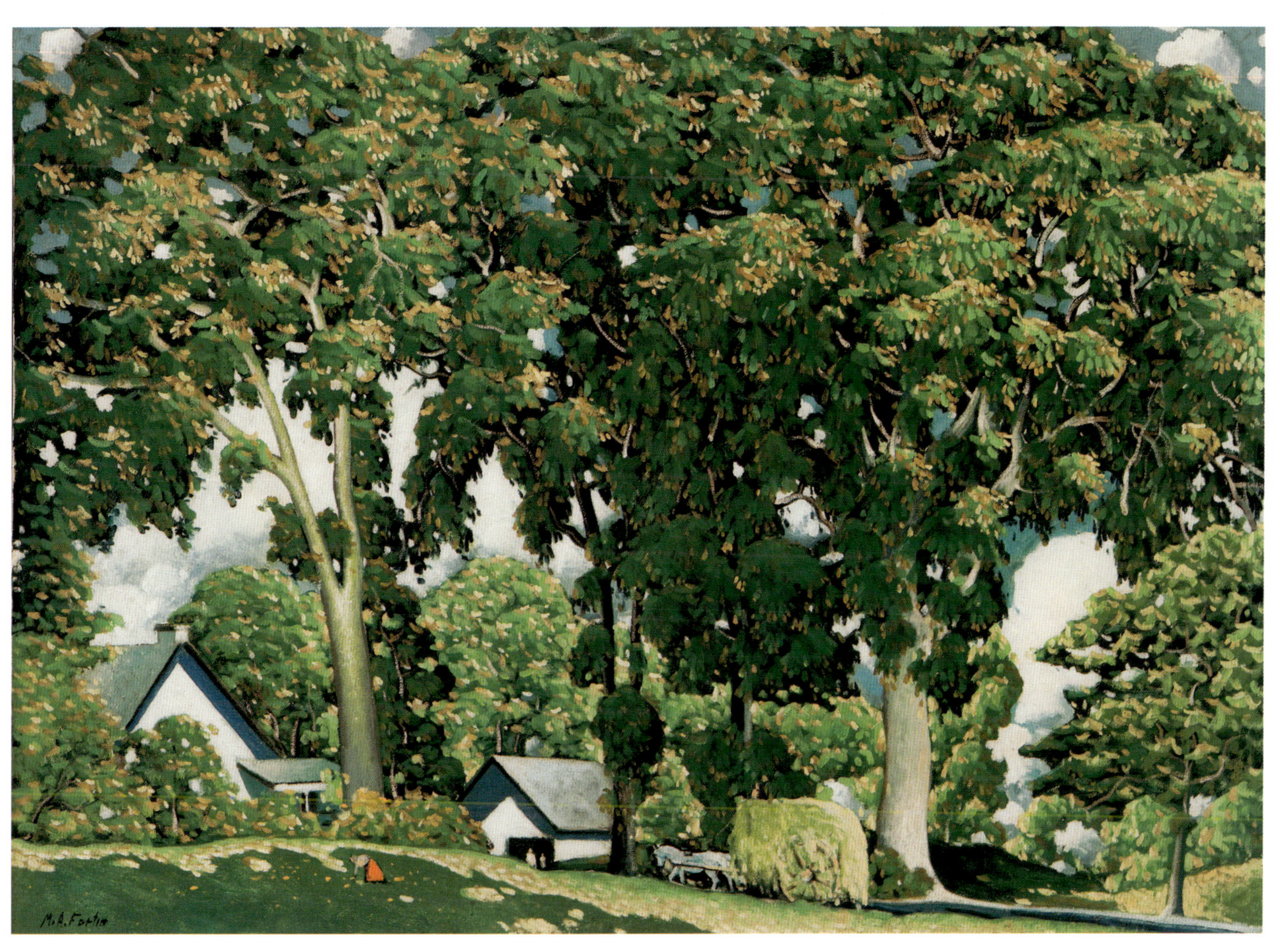

MARC-AURÈLE FORTIN
Ferme à Sainte-Rose
1923-1930, huile sur toile,
99 x 140,7 cm.
Don de Cristina et Iain Ronald.

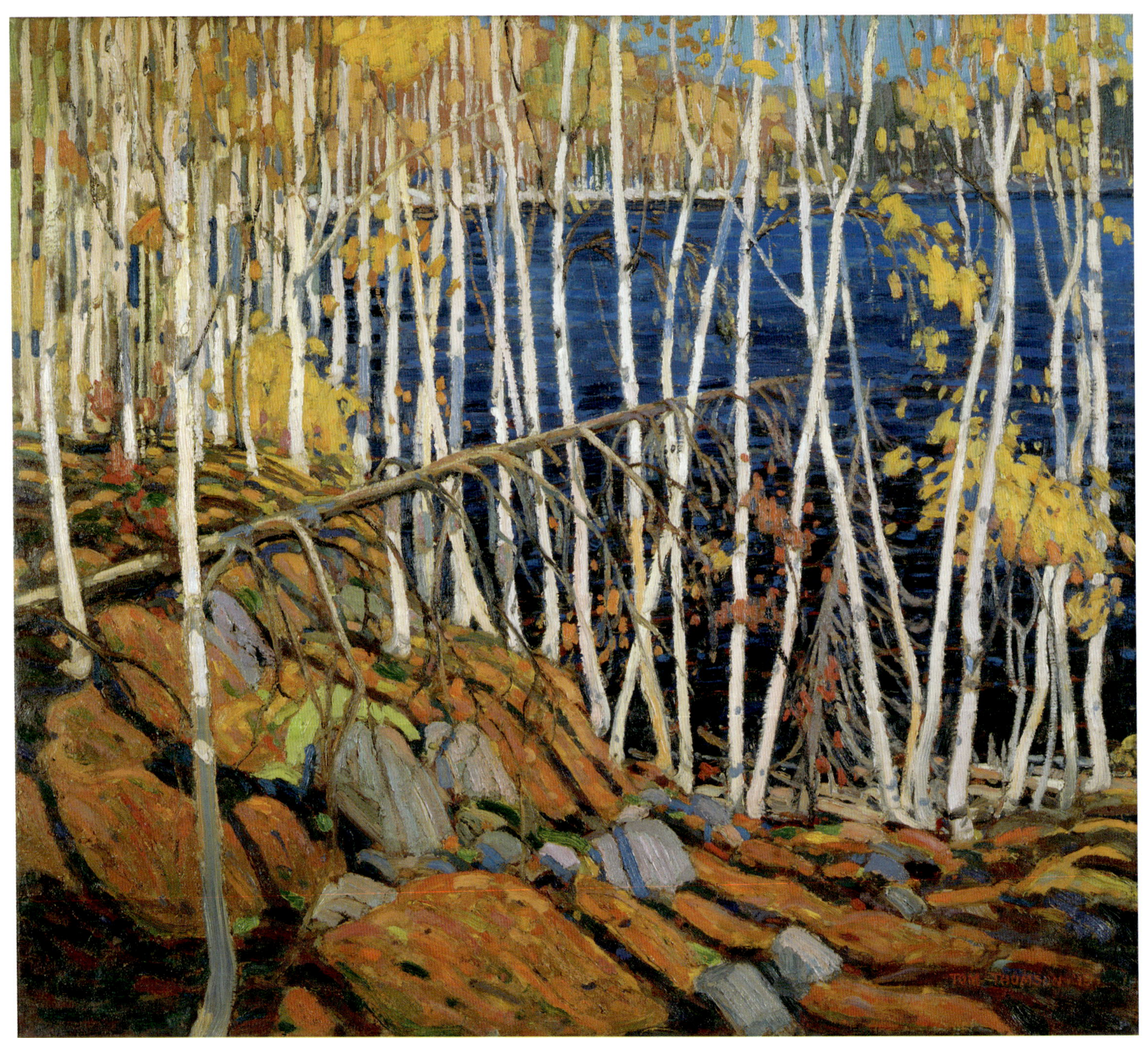

TOM THOMSON
Dans le Nord
1915, huile sur toile, 101,7 x 114,5 cm.
Achat, don du Dr Francis J. Shepherd,
de Sir Vincent Meredith, des Drs Lauterman
et W. Gardner et de Mme Hobart Molson.

CI-CONTRE
FRANKLIN CARMICHAEL
Rive nord, lac supérieur
1927, huile sur toile,
101,5 x 121,7 cm.
Achat, fonds Robert Lindsay.

CI-DESSOUS
ARTHUR LISMER
Mont Cathedral
1928, huile sur toile,
122 x 142,5 cm.
Achat, fonds A. Sidney Dawes.

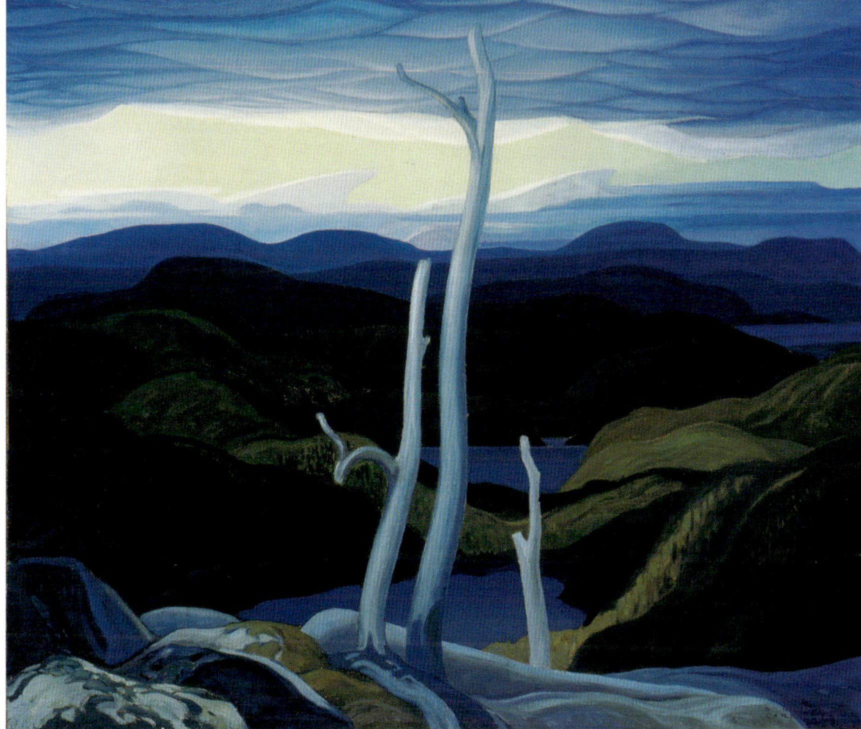

LE GROUPE DES SEPT

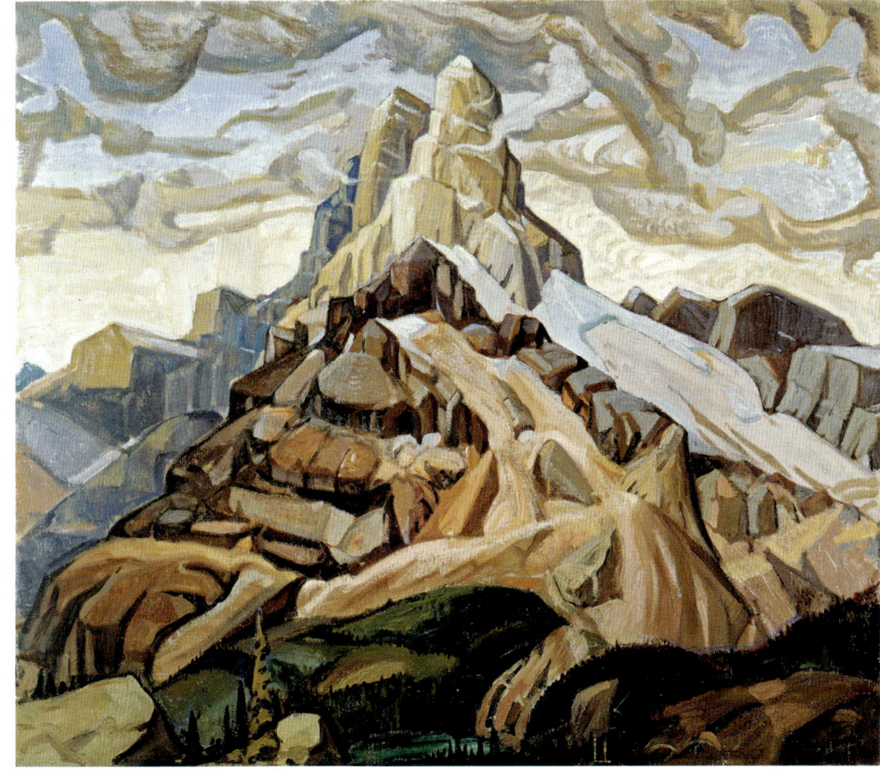

Ils étaient peintres, dessinateurs, photograveurs, illustrateurs, commerciaux… réunis dans une agence de gravure de Toronto au début du XXe siècle. Avec eux, l'art canadien allait s'engager dans une voie nouvelle, libérée de l'académisme, peignant leur pays avec un style résolument moderne. À la conquête d'un territoire esthétique affranchi, Tom Thomson emmenait ses compagnons peindre dans les grands espaces du bouclier laurentien. Disparu accidentellement en 1917 – trois ans avant la formation officielle du groupe des Sept et leur première exposition – Thomson traduisait en couleurs pures la densité et la rudesse de la forêt, loin des conventions d'atelier. Son chef-d'œuvre, *Dans le Nord,* exclut toute trace humaine [ill. page de gauche], une caractéristique que partagent plusieurs membres du groupe explorant l'Ouest canadien en noircissant leurs carnets de croquis d'une nature grandiose et sauvage. Rappelant Cézanne, l'impressionnant *Mont Cathedral* [ill. ci-contre] d'Arthur Lismer, un immigré d'origine anglaise, est exécuté en atelier après un séjour dans le massif des Rocheuses. Dans *Rive nord, lac supérieur,* Franklin Carmichael favorise la ligne épurée des arbres morts et joue des contrastes entre la forêt verdoyante et les plans d'eau [ill. ci-dessus]. Un panorama austère où le ciel semble faire écho, en image renversée, à l'ondulation des collines. Jusqu'à la dissolution du groupe en 1933, la critique n'hésitait guère à qualifier la peinture du groupe des Sept de «barbouillage criard», de «ramassis de couleurs déplaisantes»… Ils s'imposent aujourd'hui comme figures iconiques de la modernité canadienne.

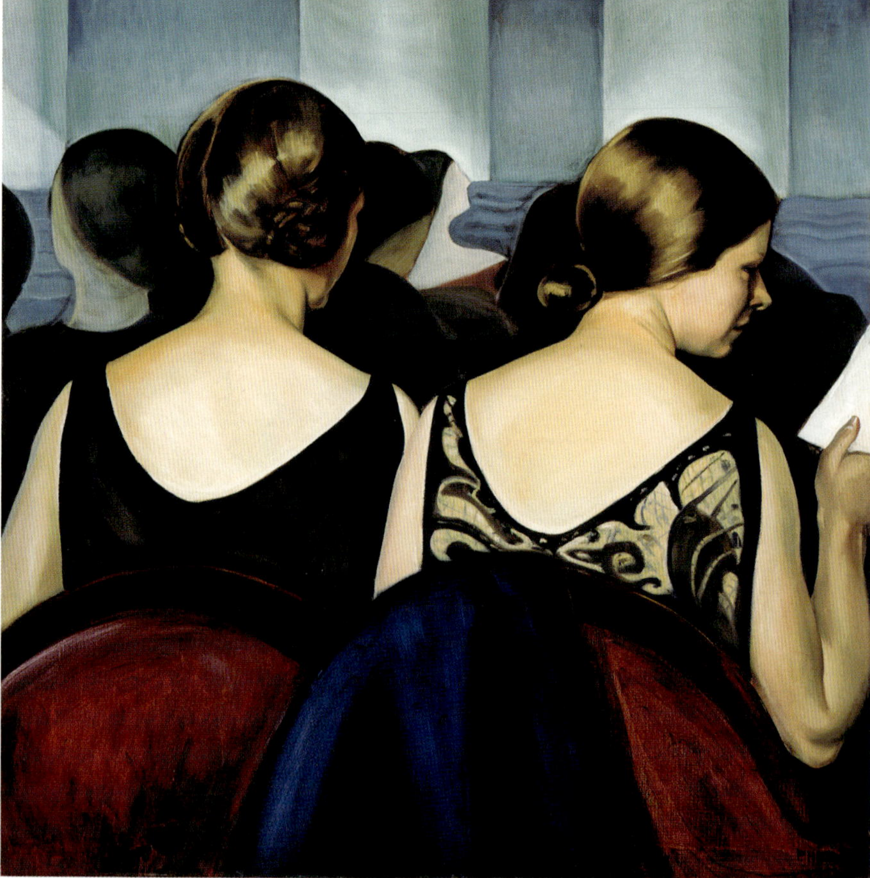

CI-CONTRE
PRUDENCE HEWARD
Au théâtre
1928, huile sur toile,
101,6 x 101,6 cm.
Achat, legs Horsley et Annie Townsend.

CI-DESSOUS
EDWIN HOLGATE
Les Baigneuses
1937, huile sur toile,
81,3 x 81,3 cm.
Achat, fonds Robert Lindsay.

PAGE DE GAUCHE
ADRIEN HÉBERT
Le Port de Montréal
1925, huile sur toile, 101,6 x 81 cm.
Achat, don de Maurice Corbeil
et de Nahum Gelber.

LES ANNÉES DU BEAVER HALL

Officiellement le groupe du Beaver Hall, formé en 1920, n'existe qu'un an et demi ; il a pourtant profondément marqué la scène artistique canadienne. Partageant des ateliers sur la côte du Beaver Hall située à Montréal, vingt artistes (onze hommes et pas moins de neuf femmes) s'associent pour faire valoir leur vision moderne de l'art. La plupart des membres du groupe suivent l'enseignement réputé de William Brymner à l'école de l'Art Association qui deviendra le Musée des beaux-arts de Montréal. Vivant dans la plus grande métropole industrielle du Canada, ces artistes se démarquent par leurs sujets tournés vers la modernité urbaine et le portrait. Dès 1924, Adrien Hébert traite le sujet moderne par excellence : le port de Montréal qu'il érige au rang d'icône grâce à ses nombreux tableaux [ill. page de droite]. Il structure sa composition par un jeu dynamique de lignes verticales et obliques. Jusqu'à sa mort en 1947, Prudence Heward a peint des femmes énergiques et indépendantes, à son image. Avec ses formes nettes et simplifiées rappelant l'esprit de l'Art déco, son chef-d'œuvre *Au théâtre* séduisit la critique contemporaine [ill. ci-dessus]. Cette femme artiste très active a d'ailleurs cofondé en 1939 la Société d'art contemporain de Montréal. Associé au Beaver Hall, Edwin Holgate est également proche du groupe des Sept dont il devient en 1930 le «huitième» membre. La représentation de corps nus et vigoureux de baigneuses, campées dans une nature sauvage [ill. ci-contre], constitue un apport original à la peinture de l'époque.

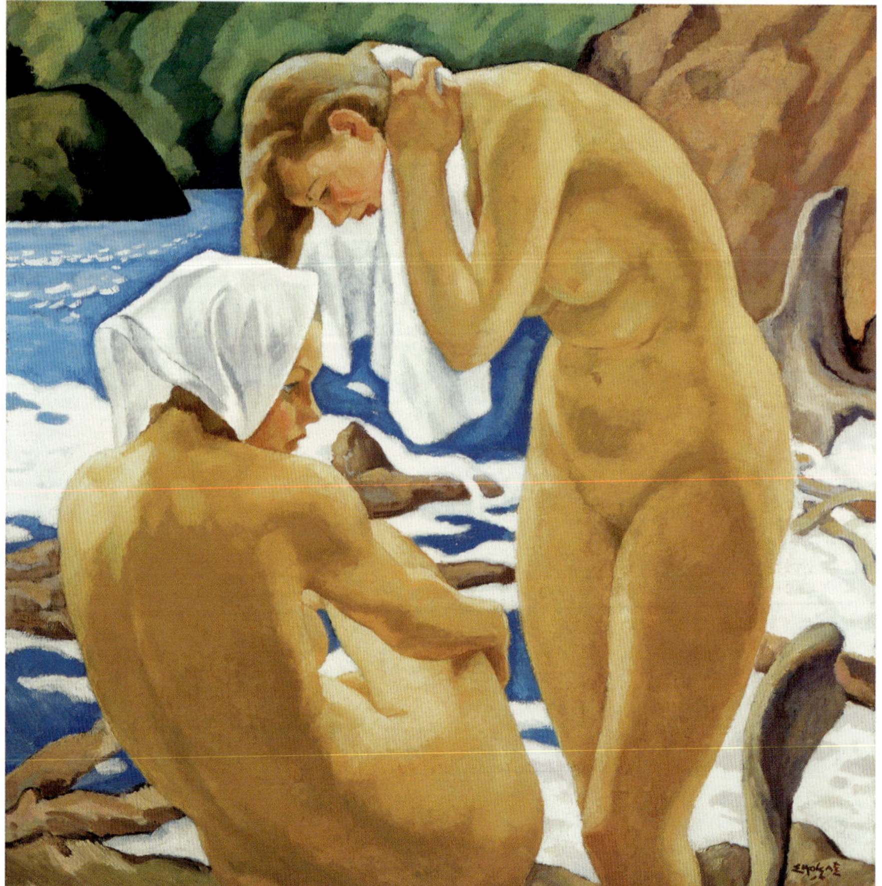

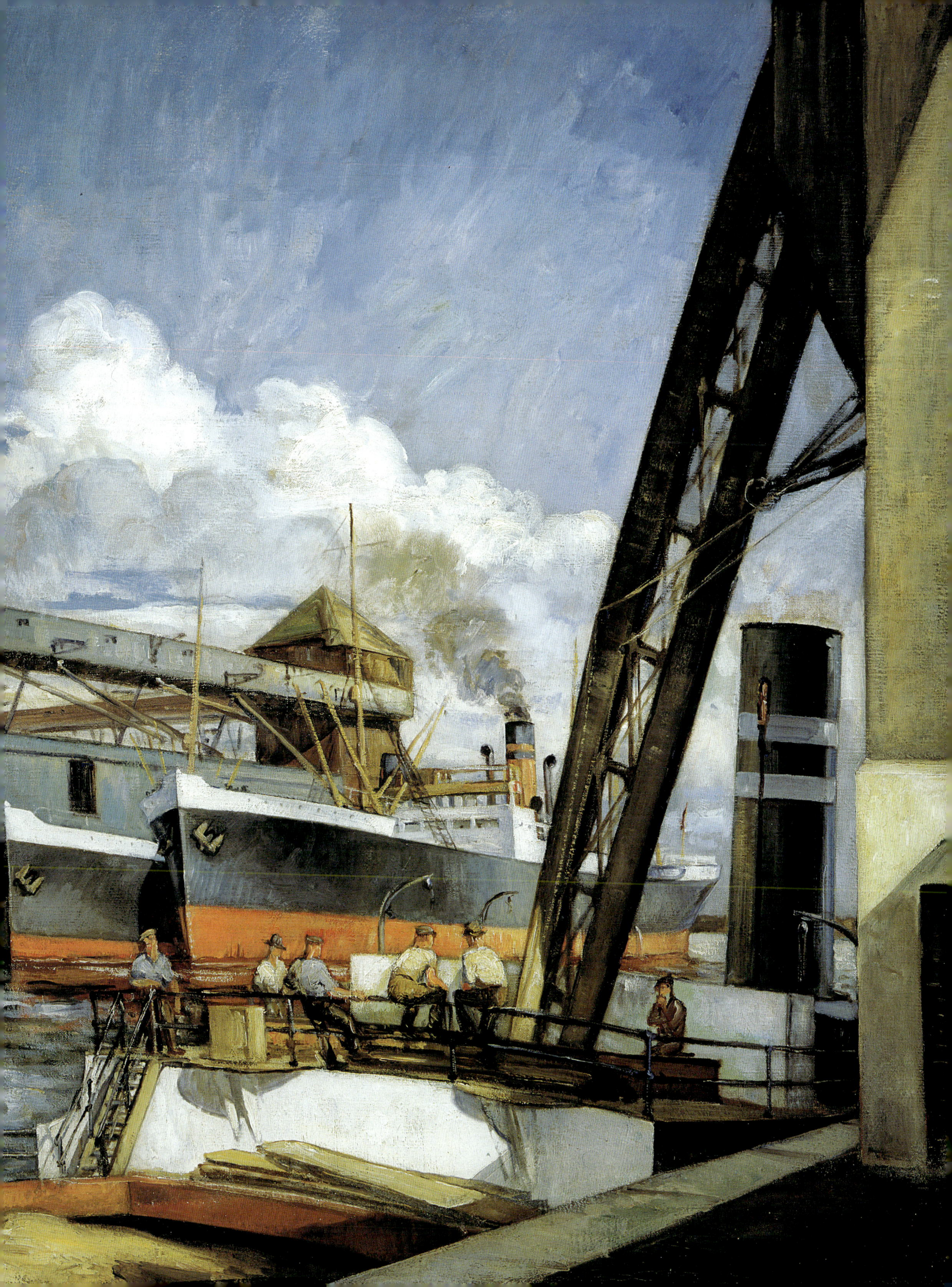

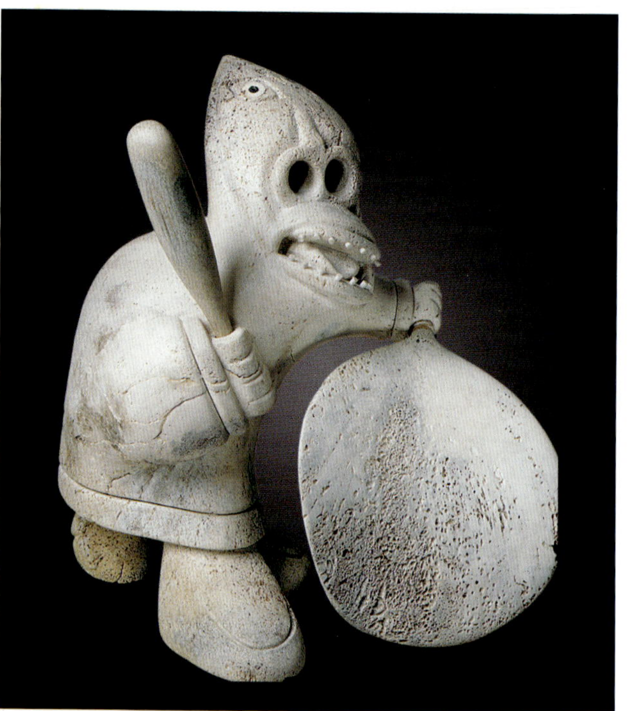

CI-CONTRE
KAROO ASHEVAK
Sans titre
(Joueur de tambour)
Vers 1973, os de baleine, ivoire, matière noire, 46,5 x 29,5 x 51,2 cm.
Achat, don de L. Maguerite Vaughan.

CI-DESSOUS
JOE TALIRUNILI
Sans titre (Migration)
1964, stéatite, peau de phoque, os, tendon synthétique, peinture rouge, 33 x 19,7 x 30 cm.
Achat, don de John G. McConnell.

PAGE DE DROITE
MATTIUSI IYAITUK
Ma mère parle du caribou
2005, serpentine, andouiller de caribou, 55,5 x 53 x 41 cm.
Achat, programme d'aide aux acquisitions du Conseil des Arts du Canada et legs Serge Desroches.

ART INUIT

Au milieu du XXe siècle, la culture inuit contemporaine est mise en marché à Montréal sous l'impulsion d'un jeune artiste ontarien, James A. Houston, qui démontre au gouvernement fédéral son potentiel artistique. C'est grâce à la vision de Frederick Cleveland Morgan, conservateur bénévole, que l'art inuit entre, dès 1953, pour la première fois dans une collection institutionnelle, le Musée des beaux-arts de Montréal. Avec *Migration,* témoignant d'un épisode tragique de son enfance, Joe Talirunili compte parmi ces figures majeures : la fuite de son campement de plusieurs membres de sa communauté à bord d'un *umiak,* une embarcation formée d'une armature de bois ou d'os de baleine et recouverte de peaux de phoque [ill. ci-contre]. Autre source inépuisable d'inspiration, les mythes et les contes. Mort prématurément à 34 ans, Karoo Ashevak a fait du chaman la figure centrale de son œuvre, riche de 250 pièces. Au rythme du tambour, le sorcier, représenté sous des traits volontiers grotesques, entrait en transe [ill. ci-dessus]… Inscrit dans un milieu en perpétuelle transformation, l'art inuit maintient ses racines et ses pratiques vivantes aujourd'hui encore : «Je puise mon inspiration dans mon entourage, dans ma vie familiale ou dans la vie sur le territoire, parfois c'est la pierre qui m'inspire», explique Mattiusi Iyaituk, un artiste actuel majeur. La pierre de son Nunavik natal, le gneiss granitique, mais aussi la serpentine ou l'andouiller de caribou sont quelques-uns des matériaux qui sculptent une œuvre autobiographique. La rudesse du Grand Nord, où il fallait constamment migrer pour échapper à la famine, est ici représentée à travers sa mère à jamais nostalgique de la viande de caribou *(Ma mère parle du caribou).*

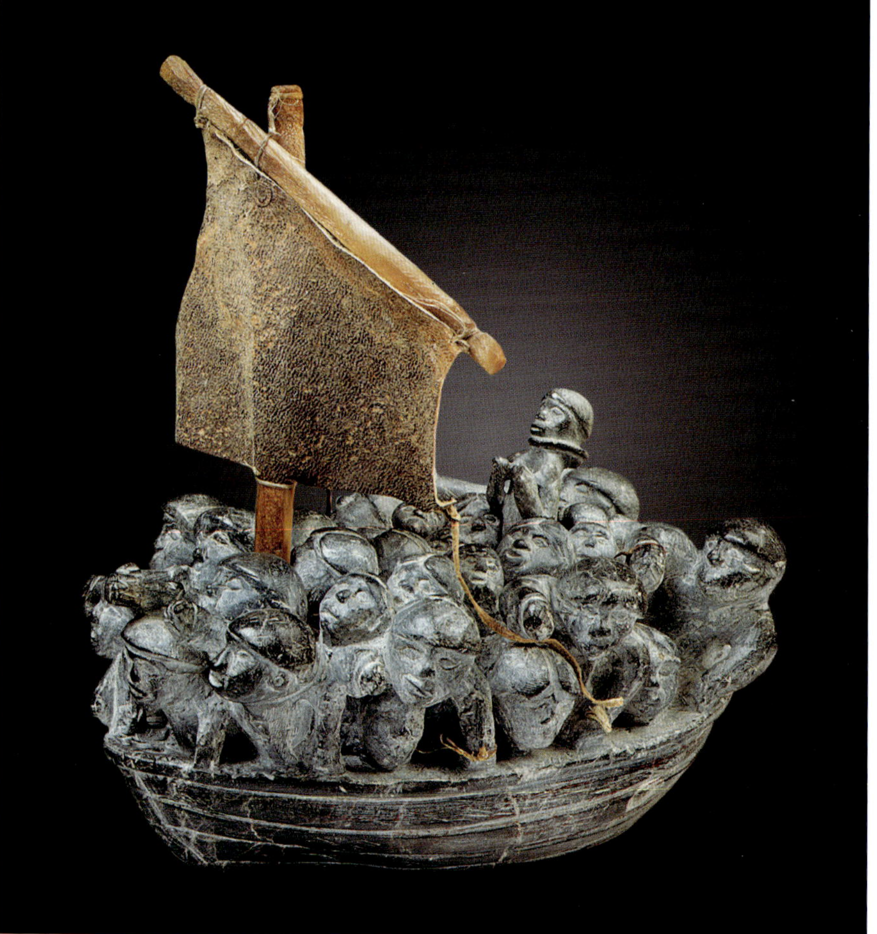

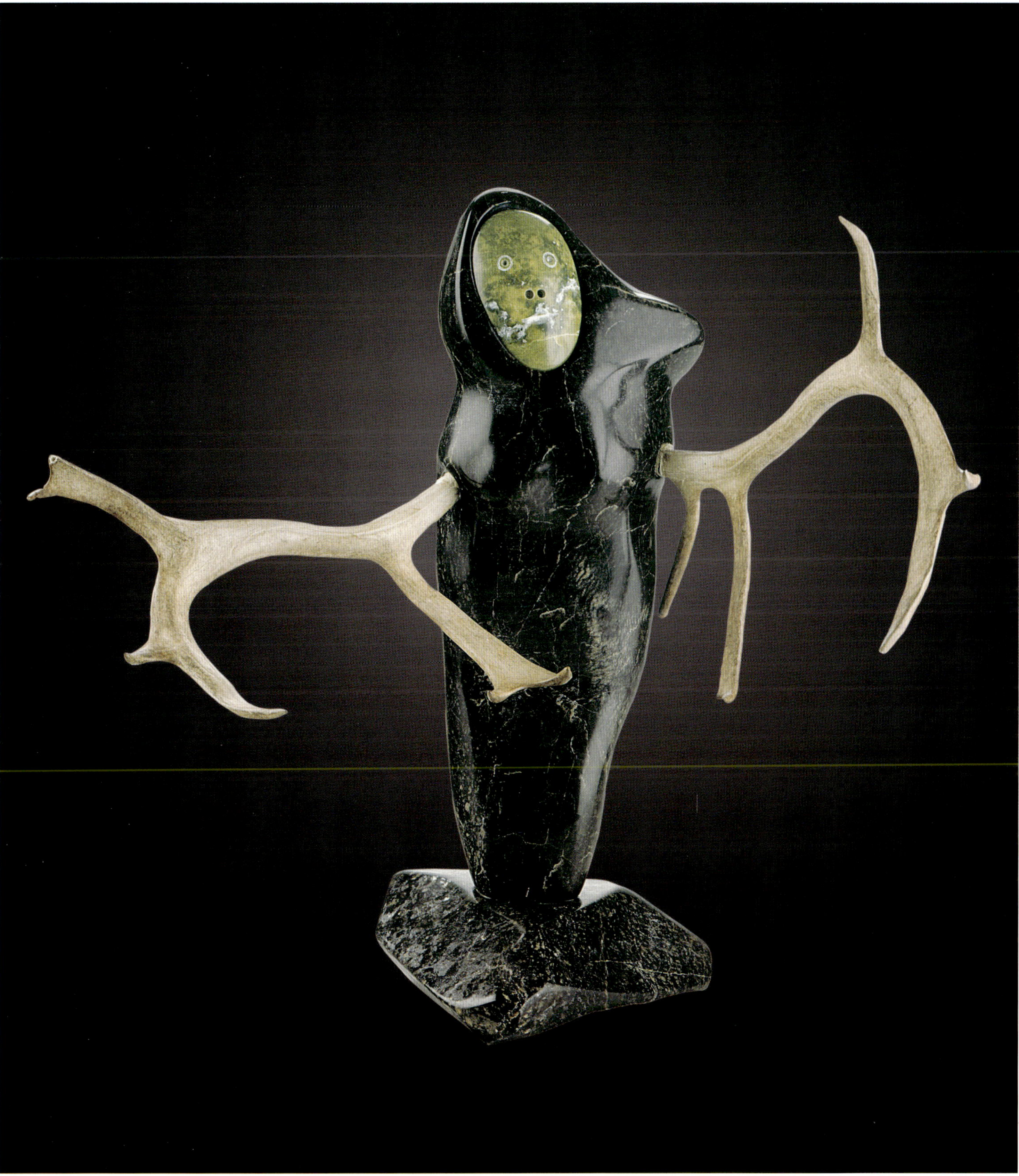

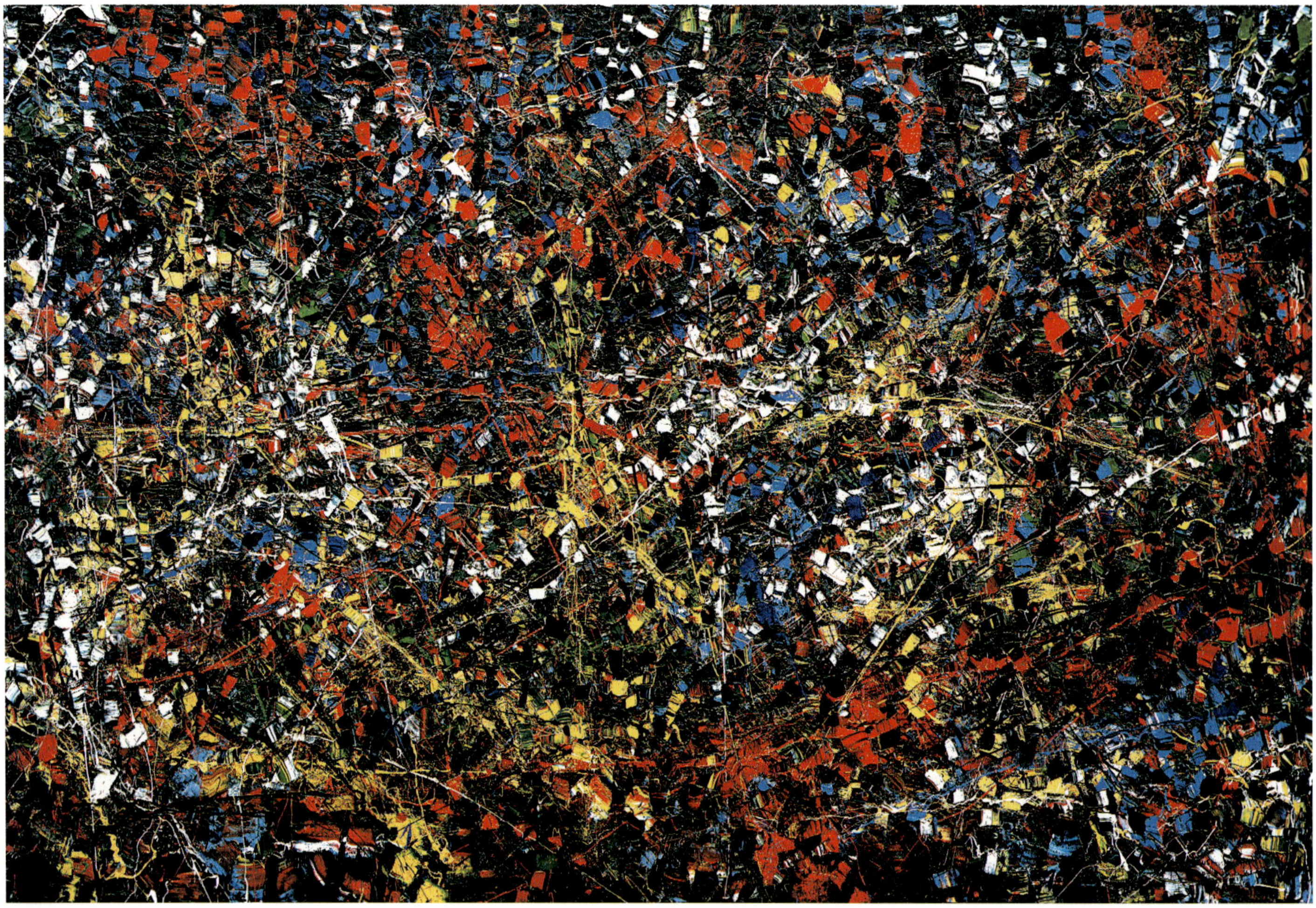

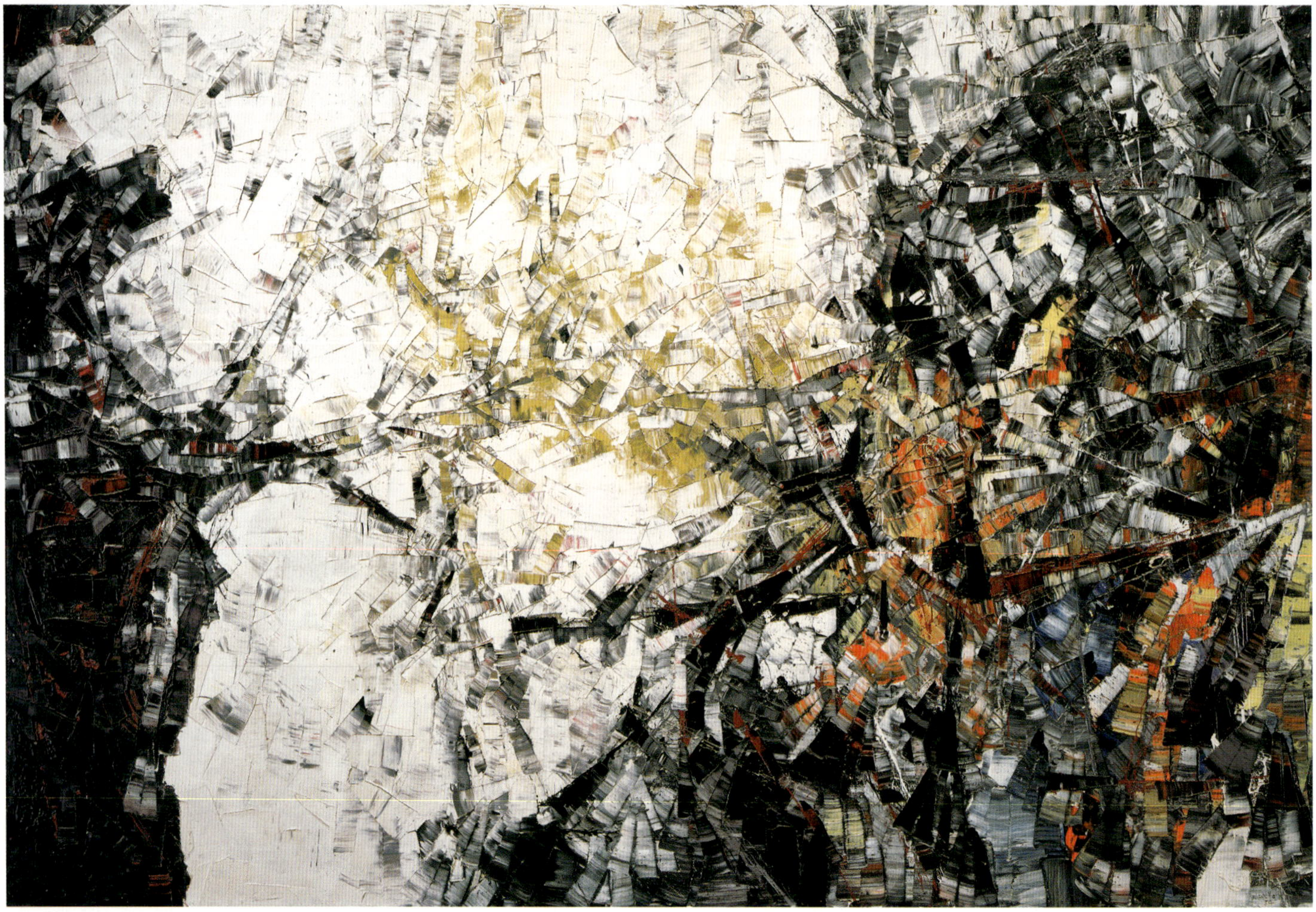

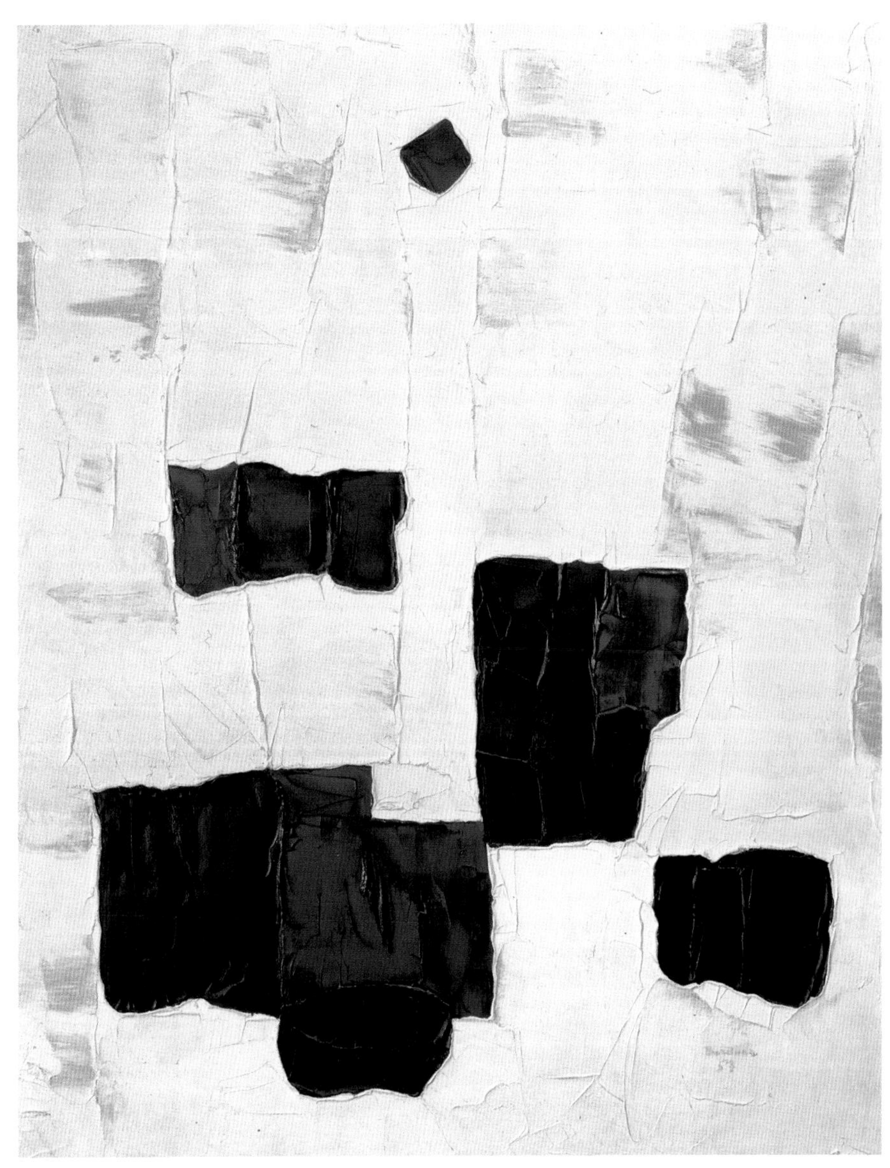

LE TEMPS DES MANIFESTES

En 1948, la publication de deux manifestes bouleverse la vie artistique du Québec. Le premier, *Prisme d'yeux*, est rédigé par un artiste et professeur d'art, Jacques de Tonnancour, sous le mentorat du peintre Alfred Pellan. Il revendique une certaine liberté et un pluralisme d'expressions esthétiques, contre l'académisme désuet des paysages et des natures mortes... Plus radical, le *Refus global* fera l'effet d'une bombe. Écrit par Paul-Émile Borduas, ce manifeste révolutionnaire est signé par les automatistes, un groupe dissident prônant la libre association des formes et des couleurs dans le droit fil de la notion surréaliste d'écriture automatique. Mais le *Refus global* va au-delà, il réclame une révolution dans toute la société québécoise dont le conservatisme catholique freine l'épanouissement des arts : «Nous entrevoyons l'homme, libéré de ses chaînes inutiles, réaliser dans l'ordre imprévu, dans l'anarchie resplendissante, la plénitude de ses dons individuels.» (Borduas) Le Musée possède un ensemble exceptionnel d'une cinquantaine d'œuvres de Borduas, dont *L'Étoile noire*, chef-d'œuvre entré à la mort du peintre en 1960 [ill. ci-dessus]. De la série des peintures dites «cosmiques», cette toile inverse la réalité : nuit blanche, étoiles noires. Autre immense prophète du *Refus global*, Jean-Paul Riopelle est le chef de file de l'abstraction lyrique. Ce mouvement domine la peinture abstraite d'après-guerre en proclamant la primauté du geste, à la fois comme signature de l'individu et mode de construction de l'espace pictural. Veinés de couleurs, ces deux chefs-d'œuvre montrent les possibilités expressives du couteau à palette dans l'application de la peinture [ill. page de gauche].

CI-DESSUS
PAUL-ÉMILE BORDUAS
L'Étoile noire
1957, huile sur toile,
162,5 x 129,5 cm.
Don de M. et Mme Gérard Lortie.

PAGE DE GAUCHE EN HAUT
JEAN-PAUL RIOPELLE
Vent traversier
1952, huile sur toile,
200 x 300 cm.
Coll. particulière et Musée des beaux-arts de Montréal, don de Nina et Harry Hart.

PAGE DE GAUCHE EN BAS
JEAN-PAUL RIOPELLE
Autriche III
1954, huile sur toile,
200 x 300,7 cm.
Achat, legs Horsley et Annie Townsend.

CI-DESSOUS EN HAUT
SERGE LEMOYNE
Dryden
1975, acrylique sur toile, 224 x 346 cm.
Achat, fonds de l'Association des bénévoles du Musée des beaux-arts de Montréal.

CI-DESSOUS EN BAS
MICHAEL SNOW
Quatre panneaux gris et quatre figures
Série «Walking Women», 1963, huile sur toile, 152,5 x 51 cm chaque panneau.
Achat, fonds de l'Association des bénévoles du Musée des beaux-arts de Montréal et legs Horsley et Annie Townsend.

PAGE DE DROITE
GUIDO MOLINARI
Bi-sériel vert-bleu
1967, acrylique sur toile, 254 x 205,7 cm.
Achat, legs Horsley et Annie Townsend.

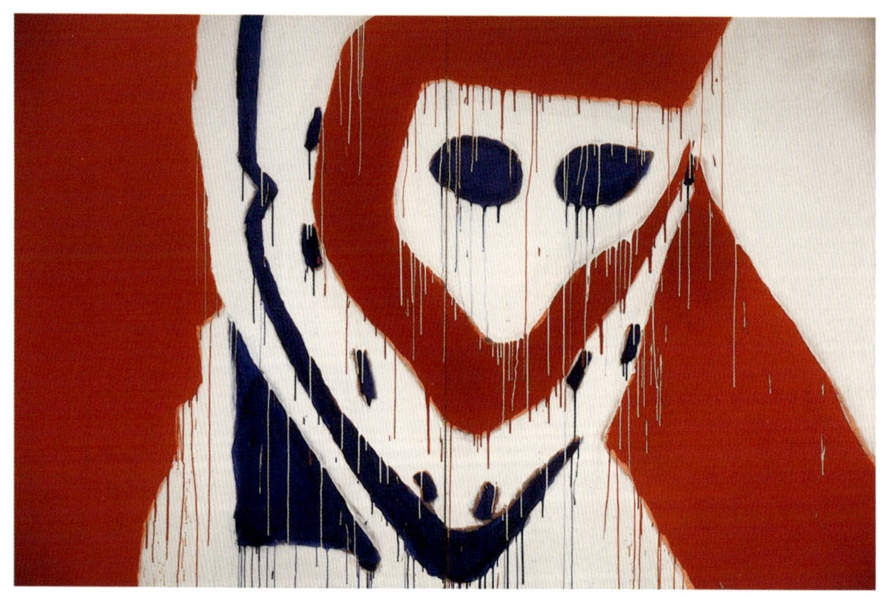

LE POP ET AU-DELÀ

Souvent associé à la culture et à la communication de masse, le pop art, tornade artistique née dans les années 1950-1960 en Grande-Bretagne et aux États-Unis, souffle aussi sur le Canada. Très vite, les artistes se joignent à ce mouvement à contre-courant. Michael Snow est le plus connu des artistes canadiens à tendance pop. Il décline à l'infini son motif de *Walking Women*, habillées ou non, en couleurs, cernées de noir ou encore en négatif [ill. ci-contre]. Cette image, exportée dans le monde entier, que ce soit dans le métro, dans la rue ou encore au cinéma, est le symbole même de l'esprit commercial et cosmopolite moderne. Au-delà du pop, le peintre abstrait Guido Molinari, chef de file du mouvement plasticien montréalais, travaille sur la rythmique visuelle. Dans ses compositions, appelées *Sériels*, il juxtapose des bandes verticales, de largeur égale et de couleurs différentes pour instaurer une dynamique [ill. page de droite]. Molinari s'inspire de l'idée de Marcel Duchamp selon laquelle «ce sont les regardeurs qui font les tableaux». Serge Lemoyne, artiste québécois engagé, réinterprète un motif de la culture populaire avec cette œuvre devenue une icône : Ken Dryden est le gardien mythique du légendaire club de hockey des Canadiens de Montréal [ill. ci-dessus]. Son masque de protection, reconnaissable entre tous, est une cible dégoulinante de peinture et de sueur.

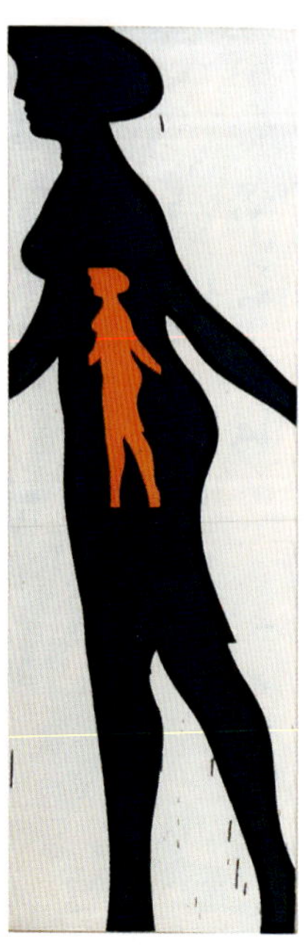

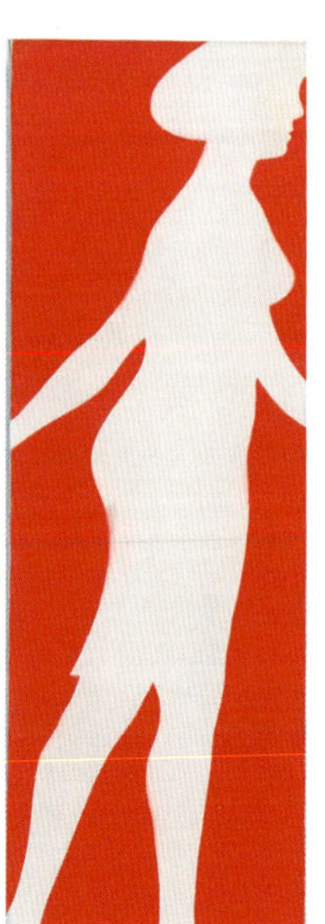

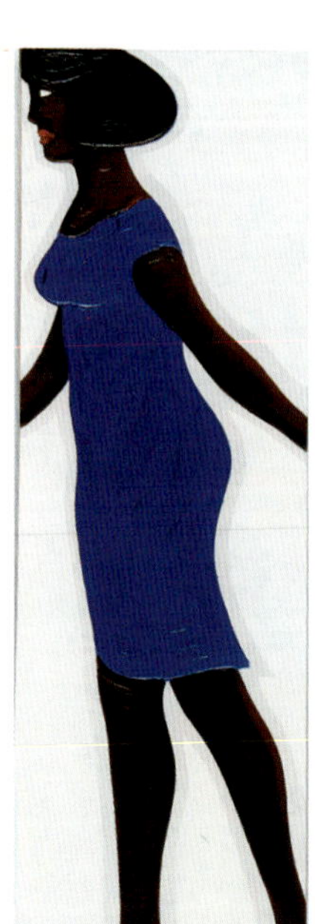

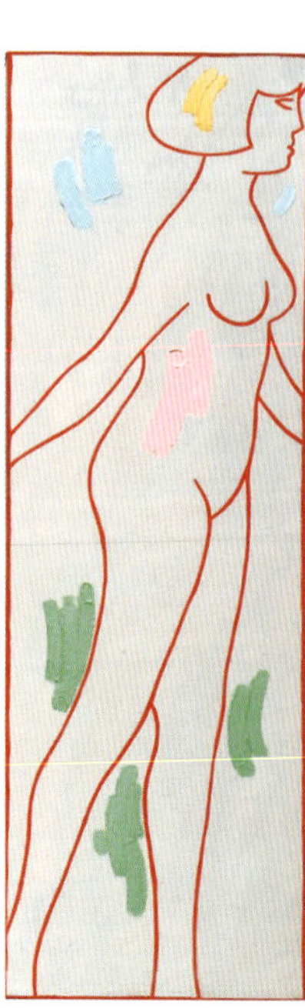

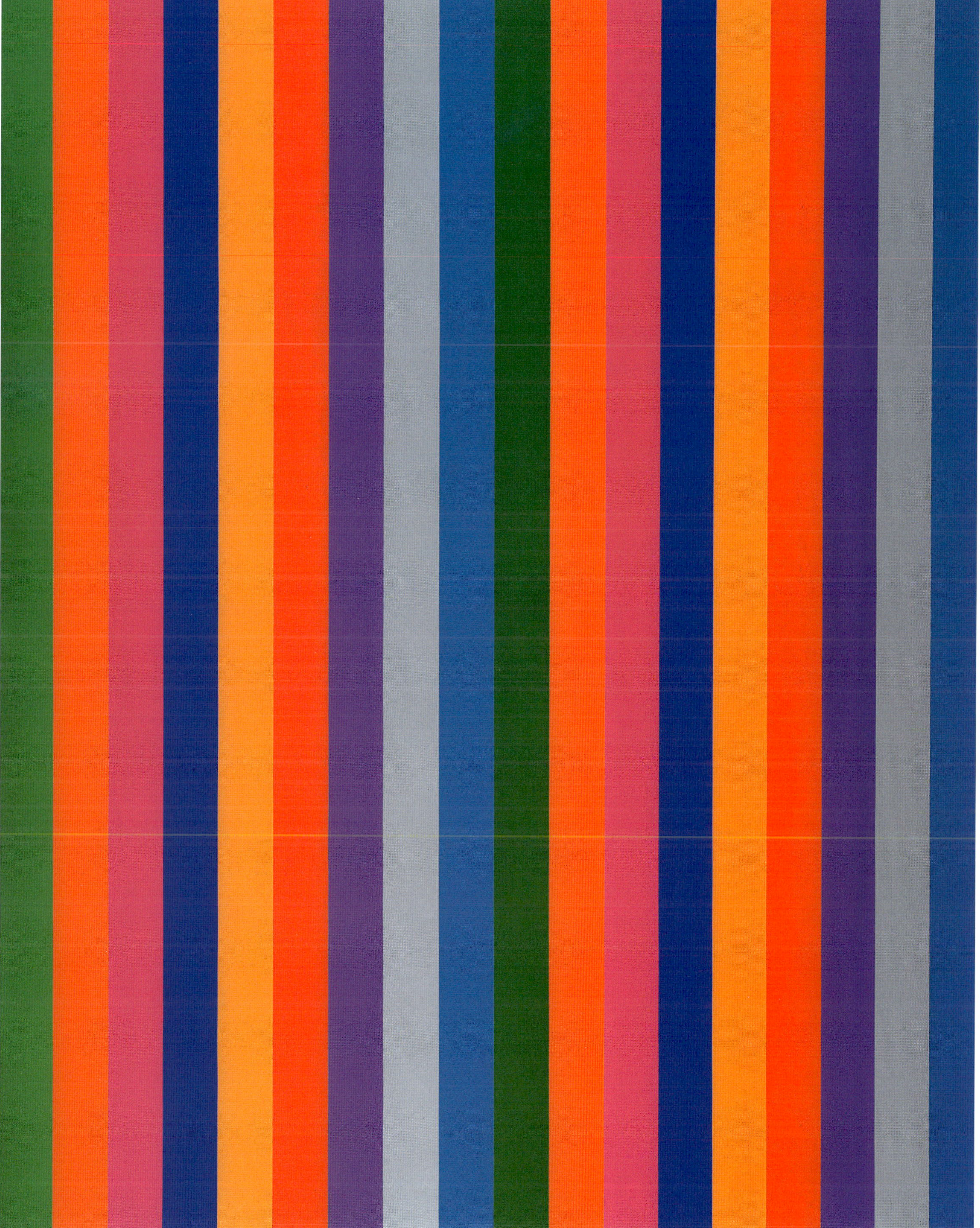

CI-CONTRE
GENEVIÈVE CADIEUX
Elle et Lui (avec main de femme)
1997, deux épreuves à développement chromogène marouflées sur Plexiglas, 195,6 x 157,6 cm chaque panneau. Don de Geneviève Cadieux, à l'occasion du 150e.

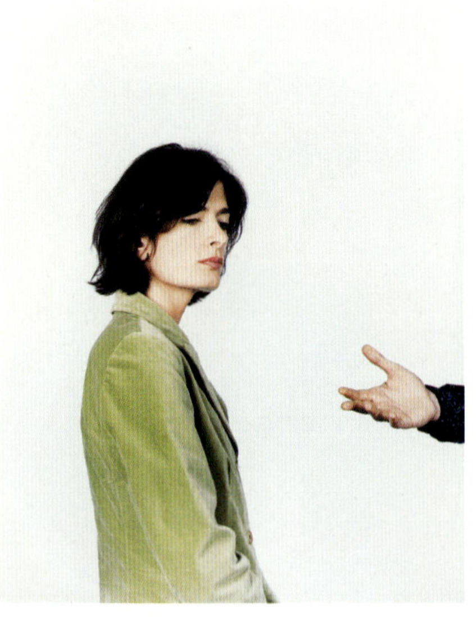

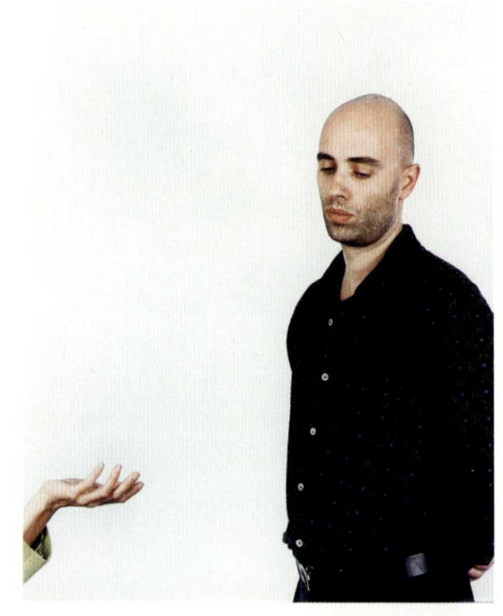

CI-DESSOUS
BARBARA TODD
Courtepointe aux cercueils
1991-1992, laine et coton, 263 x 247 cm. Achat, programme d'aide aux acquisitions du Conseil des Arts du Canada et fonds Hugh G. Jones.

PAGE DE DROITE
VALÉRIE BLASS
She Was a Big Success
2009, polystyrène, bois, cheveux et pigments, 96 x 32 x 32 cm. Achat, programme d'aide aux acquisitions du Conseil des Arts du Canada et don de Nick Tedeschi.

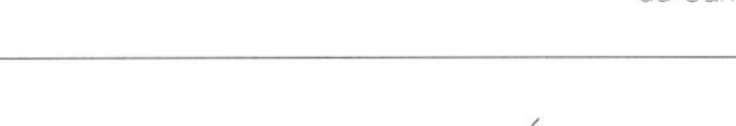

«ELLES» AU QUÉBEC

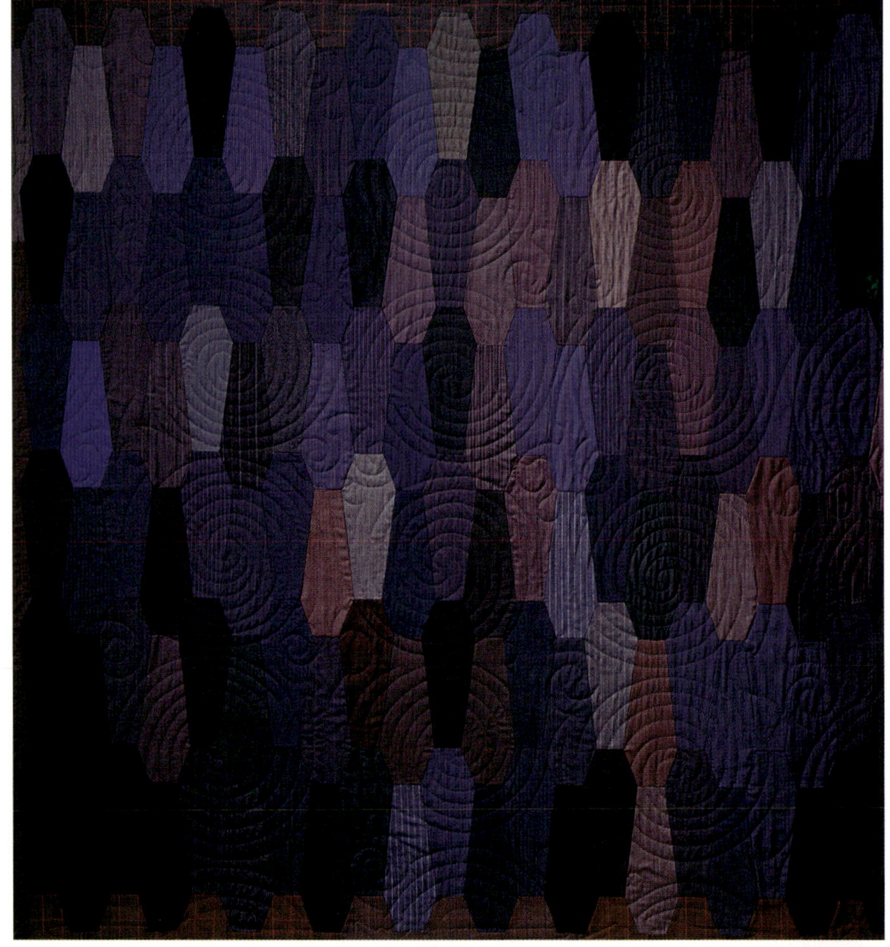

Elles ont posé un regard intimiste sur les lieux qui les entouraient. Elles ont décrypté les relations humaines, repensé la place des femmes dans la société. Assoiffées d'expérimentation, ces artistes ont pris place parmi les chefs de file de la scène contemporaine. Née en 1952, Barbara Todd a fabriqué une série de dix courtepointes, un art domestique réservé aux femmes. Réalisé après la naissance de son fils, *Courtepointe aux cercueils* [ill. ci-contre] est une allégorie de la mort, répétant le motif du cercueil, découpé dans des complets d'hommes. À cette imagerie funèbre passée au prisme du féminisme, Todd superpose des spirales, symboles de vie et d'éternel recommencement. Travaillant aussi autour des notions de présence et d'absence, d'être et de non-être, Geneviève Cadieux interroge dans ses diptyques photographiques les relations entre les individus. Ici, les échanges entre l'homme et la femme résident en vains jeux de mains, ignorés du regard des protagonistes [ill. ci-dessus]. Une métaphore de l'impossibilité de communiquer. Dans un registre proche des assemblages surréalistes, rappelant les poupées érotiques d'Hans Bellmer, Valérie Blass a posé sur un socle la sculpture d'un mannequin surmonté d'une perruque extravagante [ill. page de droite]. Cette étrange effigie féminine, réduite à une chevelure imposante dressée sur une paire de longilignes jambes chaussées de talons hauts, pose la question de la condition des femmes actuelles. Les nœuds de cette chevelure disent la complexité des pensées d'un féminin pris au piège du jeu de la séduction et des apparences.

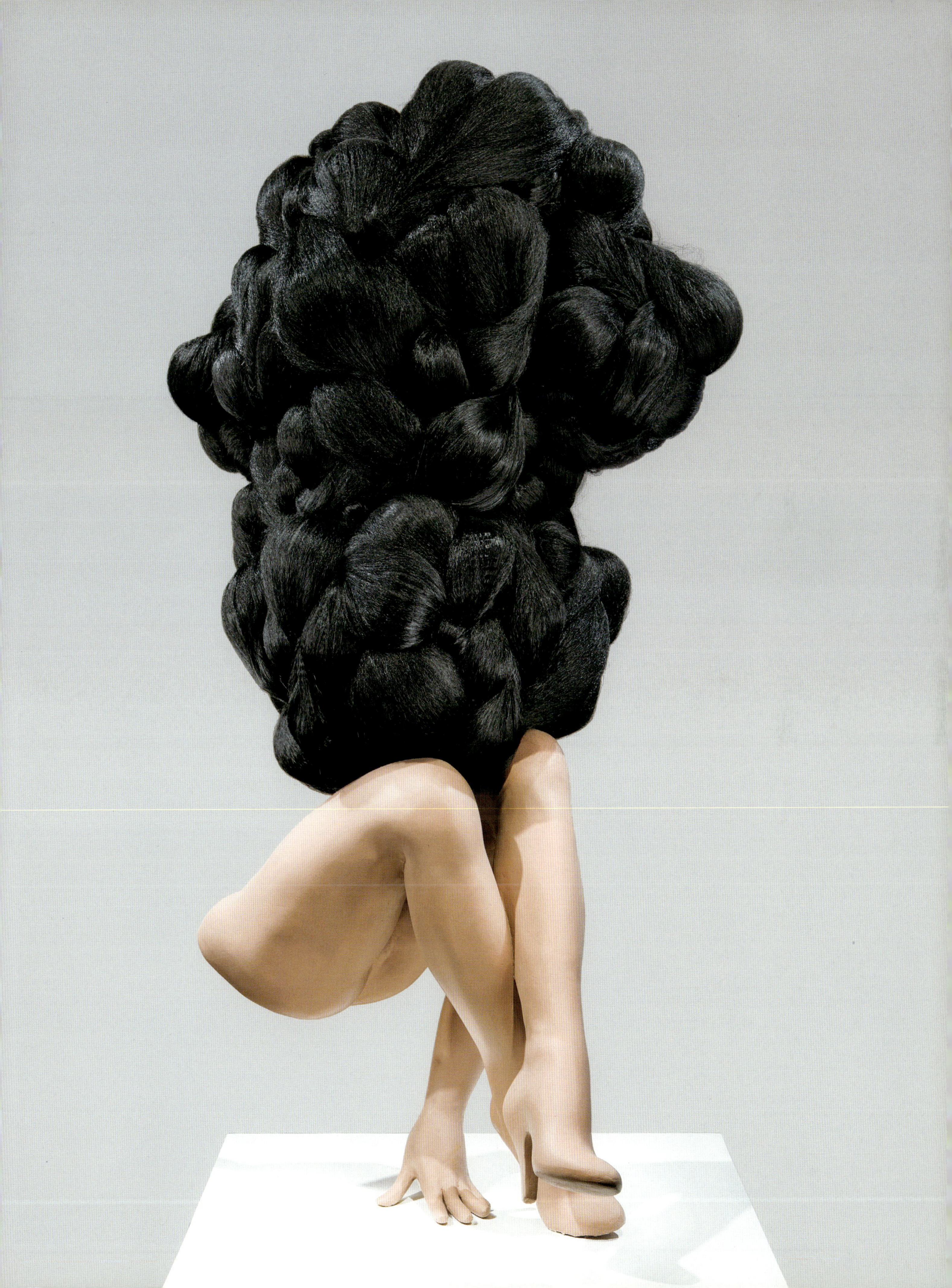

ARTS DÉCORATIFS & DESIGN

Avec des milliers d'objets couvrant plus de six siècles et provenant des quatre coins du globe, le Musée des beaux-arts de Montréal est l'une des plus grandes institutions d'arts décoratifs et de design en Amérique du Nord. D'un traîneau rococo aux plus récentes expérimentations de designers, voici quelques-uns de ses chefs-d'œuvre.

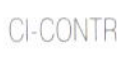

CI-CONTRE
Traîneau
1720-1750,
prov. certainement Allemagne,
bois peint et doré, velours, fer,
127 x 96,6 x 180,4 cm.
Don du Canadian Pacific Railway.

CI-DESSOUS
JOSEPH-ARMAND BOMBARDIER
Motoneige
Conçue en 1958,
métal, bois, vinyle, caoutchouc,
119,4 x 72,5 x 264 cm.
Coll. Liliane et David M. Stewart.

PAGE DE DROITE
DE GAUCHE À DROITE ET DE HAUT EN BAS
MANUFACTURE DE CHELSEA
Bergère
Vers 1765, porcelaine tendre,
30 x 12 x 9,85 cm.
Don de Mme Frank P. Jones.

SHARY BOYLE
Boule de neige
2006, porcelaine,
26 x 17 x 16,5 cm.
Achat, fonds de la famille
T. R. Meighen.

ROBERT DAVOL BUDLONG
Ventilateur de table
1936, aluminium, fonte peinte, acier,
72 x 83,5 x 36,5 cm
Coll. Liliane et David M. Stewart.

MARTEEN BAAS
Ventilateur
2006, métal, argile synthétique laquée,
152 x 48,3 x 48,3 cm.
Coll. Liliane et David M. Stewart.

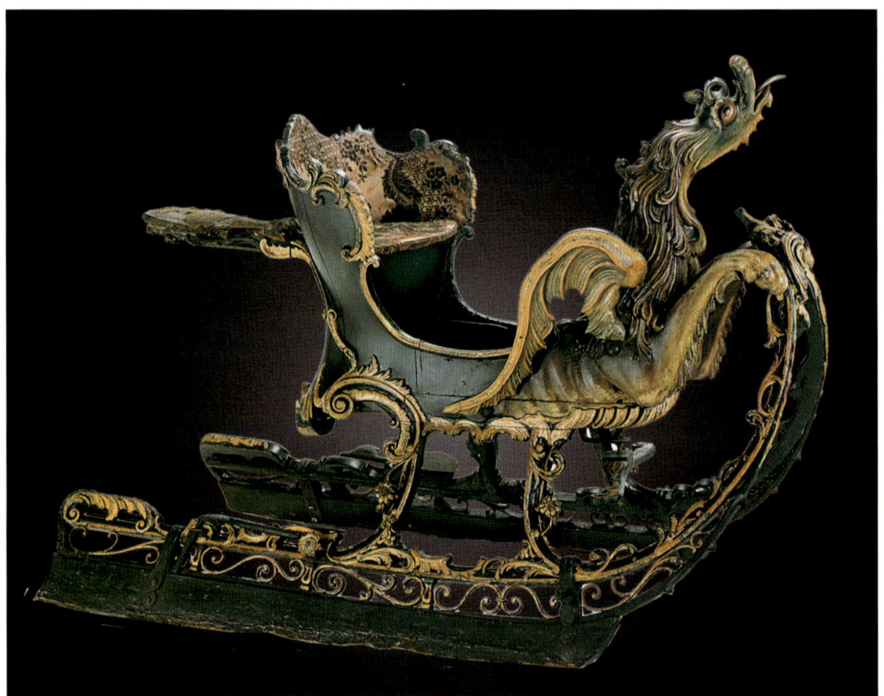

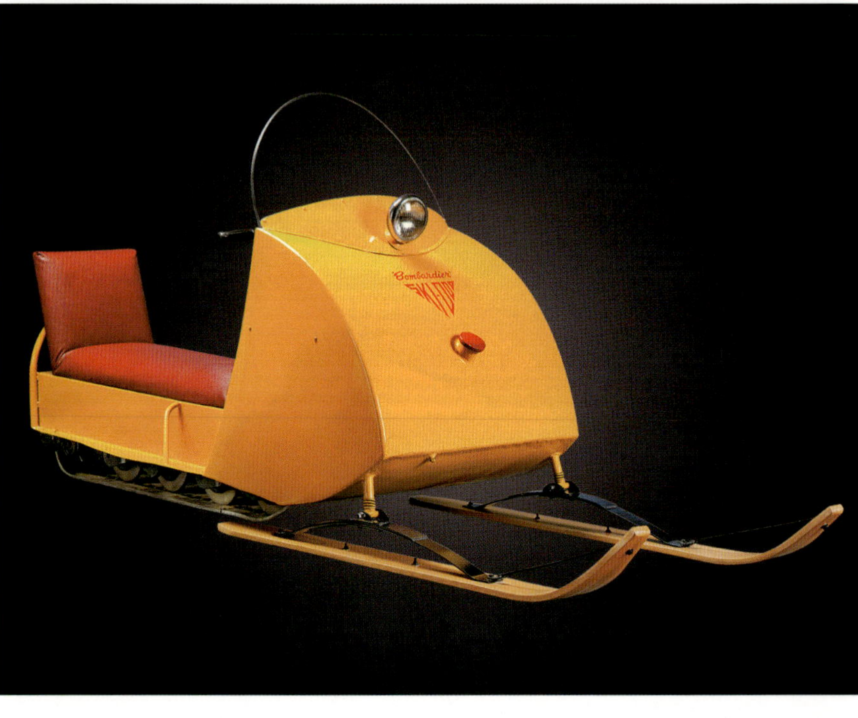

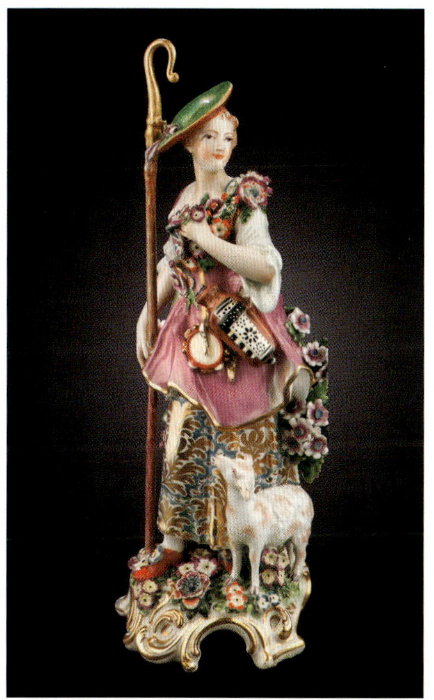
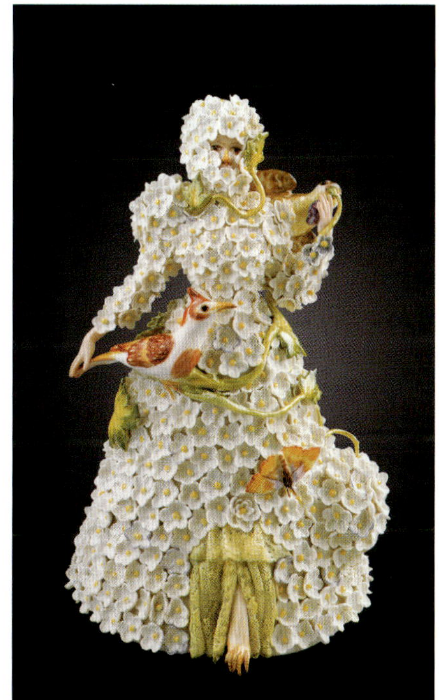
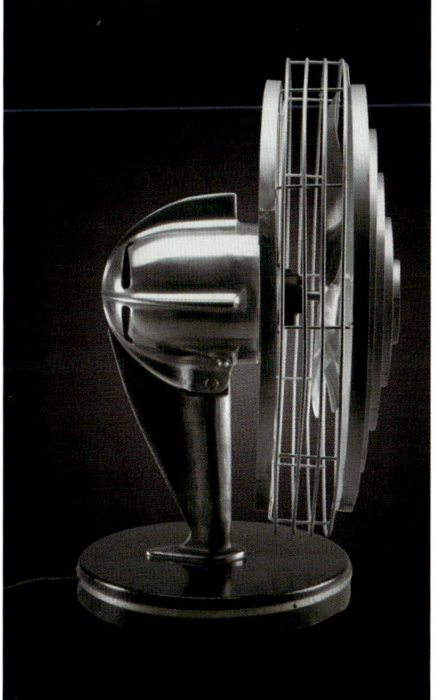
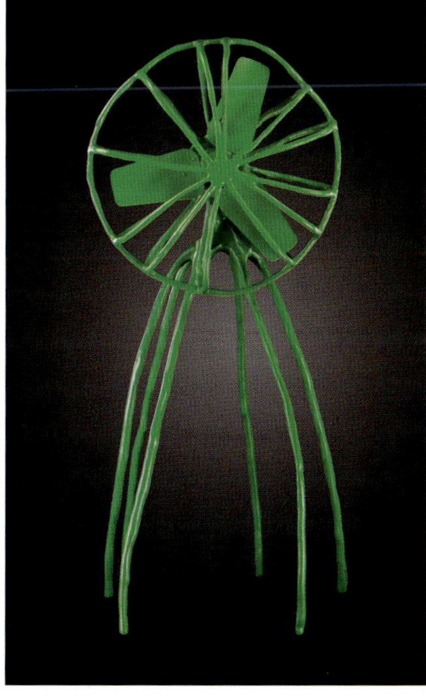

FORME & FONCTION D'HIER À AUJOURD'HUI

Les objets sont les témoins, esthétiques et techniques, de l'histoire des sociétés. Leurs formes, leurs matériaux, leurs couleurs sont les reflets du temps qui passe, au défi de la permanence des fonctions. Après l'étonnant traîneau rococo en bois peint et doré, luxueusement ornementé d'une tête de dragon sculptée [ill. page de gauche, en haut], l'époque moderne voit le triomphe de la technologie industrielle valorisant la simplicité et la modernité des formes, comme la motoneige de la marque canadienne Bombardier [ill. page de gauche, en bas] apparue sur le marché en 1959. Tandis que les lignes nettes et fluides du ventilateur, typiques du *streamline* américain, [ill. ci-contre, en bas à gauche] s'inspirent des recherches sur l'aérodynamisme dans les années 1930. Aujourd'hui encore, artistes contemporains et designers continuent de puiser dans ce répertoire visuel aux tendances stylistiques diverses. Certains, à l'instar du designer hollandais Marteen Baas, réinterprètent cet objet typiquement industriel avec une approche délibérément artisanale : araignée géante ou végétal monstrueux reposant sur six pieds, cet exemplaire en métal, recouvert d'argile industrielle laquée vert, de la série «Clay Furniture» est toujours unique car modelé à la main [ill. ci-contre, en bas à droite]. Aujourd'hui, l'artiste canadienne Shary Boyle rénove la tradition des anciennes figurines en porcelaine. Sa statuette *Boule de neige* [ill. ci-contre, en haut à droite] représente une femme étrangement recouverte de la tête aux pieds de fleurs blanches au pistil jaune. Pot de fleurs ou oiseau en cage, cette vision onirique d'une condition féminine emprisonnée comme un objet précieux offre une lecture critique des bibelots au charme bucolique qui imprégnait la *Bergère* en porcelaine tendre, telle que produite par la manufacture de Chelsea (Grande-Bretagne) trois siècles auparavant [ill. ci-contre, en haut à gauche].

CI-DESSOUS À GAUCHE
Aspersoir à eau de rose
Iran, époque séfévide ou qajare, XVIII-XIXe siècle, verre soufflé, motif strié en spirale, haut. 34,9 cm.
Achat, legs Mabel Coghlin.

CI-DESSOUS À DROITE
LOUIS COMFORT TIFFANY
Vase Jack-in-the-pulpit
Vers 1909-1910, verre soufflé, fabriqué par Tiffany Studios, 51,8 x 27,3 x 13,3 cm.
Achat, fonds de la Deutsche Bank.

EN BAS
LÉON KANN
Service à café fenouil
Vers 1868, porcelaine dure, édité par la manufacture de Sèvres.
Coll. Liliane et David M. Stewart.

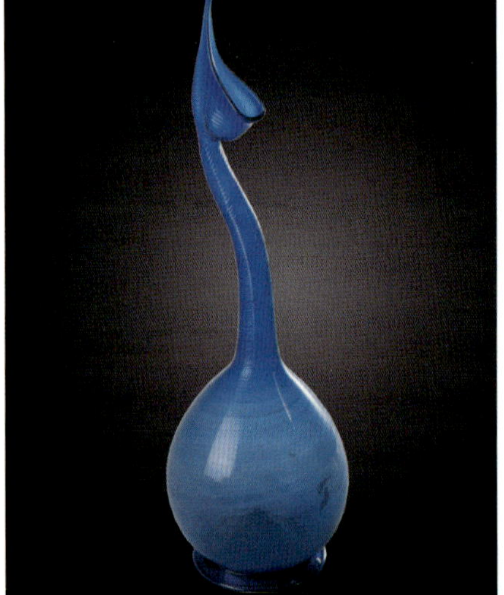

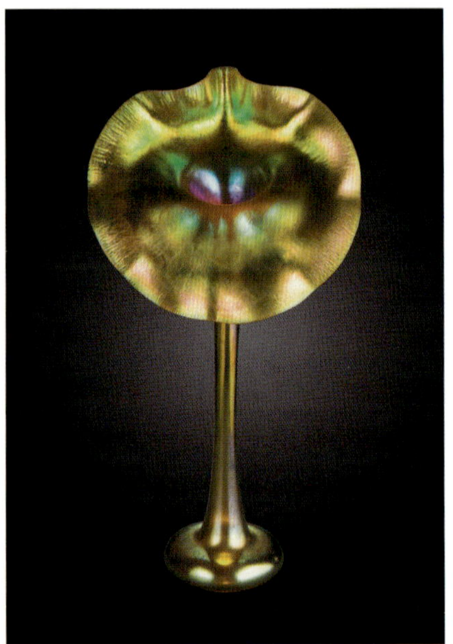

LES ARABESQUES DE L'ART NOUVEAU

Ouvrant la voie d'un exotisme imaginaire ou authentique, le Proche-Orient avec l'orientalisme, mais aussi l'Extrême-Orient avec le japonisme allaient galvaniser les créateurs européens. Au tournant du XIXe siècle, l'esthétique Art Nouveau s'impose en Europe comme en Amérique, contre les dérives de l'industrialisation bon marché et l'éclectisme des styles. Son credo est d'embellir la vie quotidienne en comblant le fossé entre artisanat et art, et en s'inspirant des formes naturelles et gracieuses de la nature. Comme la plupart de ses contemporains, le designer américain Louis Comfort Tiffany succombe à l'appel de l'Orient, séjournant en Algérie, au Maroc, en Égypte et en Tunisie dès 1870. L'artiste en retiendra l'incandescence de la palette et l'ardeur de la lumière méditerranéenne. Lointain cousin de cet aspersoir persan à eau de rose [ill. ci-contre, en haut à gauche], le vase liseron de Tiffany apporte une touche d'exotisme aux intérieurs des Américains fortunés [ill. ci-contre, en haut à droite]. Raffinement d'une volute de verre éclatante d'or… Tiffany porte l'amour du végétal au sommet. Nombreux sont les artistes et artisans qui élaborent leur grammaire personnelle à partir des leçons de la nature. Adoptant une même veine, tantôt réaliste, tantôt onirique pour ce service à café en porcelaine, édité par la Manufacture de Sèvres [ill. ci-contre, en bas], le designer français Léon Kann s'inspire directement de motifs naturalistes : sur les couvercles, des insectes sont venus se poser ; autour des tasses, pot à lait et sucrier, des feuilles de fenouil ont poussé. Au-delà de sa virtuosité technique, l'objet fascine par son caractère hybride.

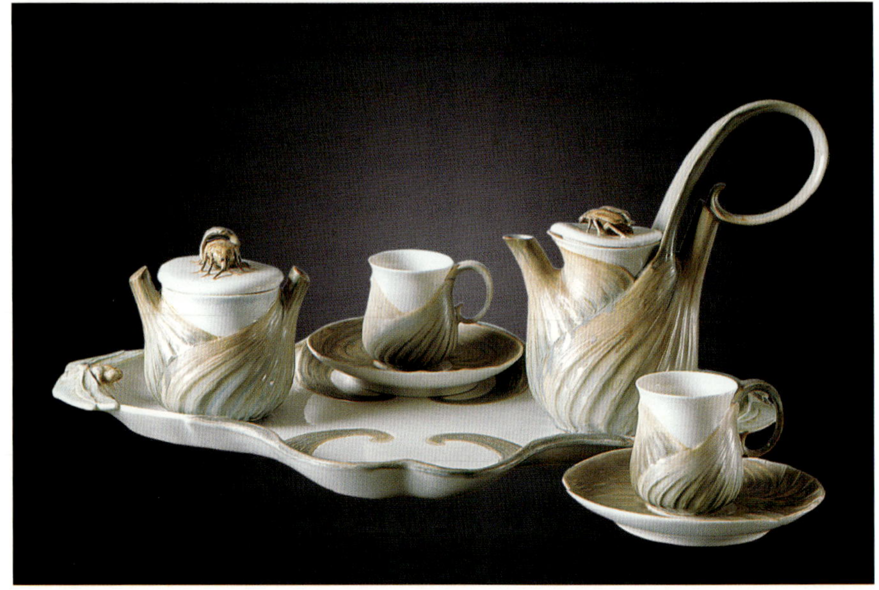

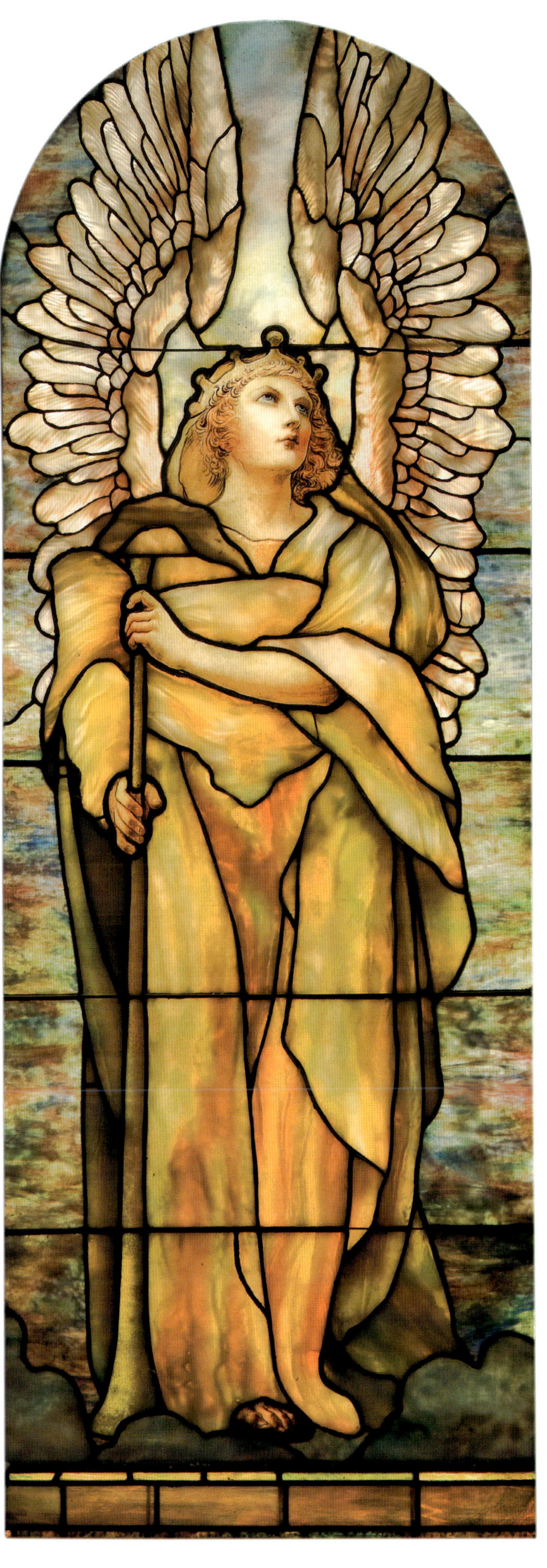

LOUIS COMFORT TIFFANY
Ange
1904-1905, prov. église Erskine & American, Montréal, verre, plomb, dessiné par Frederick Wilson, 190 x 63 cm.

UN ENSEMBLE EXCEPTIONNEL DE VITRAUX TIFFANY

Magnifiquement restauré et éclairé, un prestigieux ensemble de vitraux Tiffany, unique au Canada, irradie de lumières chatoyantes la salle de concert Bourgie. Ces verrières avaient été commandées pour l'église montréalaise aujourd'hui disparue, l'American Presbyterian Church, avant d'être déplacées dans l'église Erskine & American, aujourd'hui transformée en pavillon d'art québécois et canadien du Musée. Avec leurs fameuses verreries opalescentes et texturées, chacun des vitraux rivalise de prouesses techniques. Cet *Ange* doré [ill. ci-contre] dessiné par le Britannique Frederick Wilson, reflète à merveille la qualité de la production des ateliers Tiffany. La finesse des traits du visage et des mains, peints sur un verre plat, contraste avec les jeux d'ombre et de lumière des reliefs en verre particulièrement sophistiqués. Les ailes aux reflets nacrés sont réalisées grâce à un verre dit «peigné». L'habit est suggéré grâce à un verre dit «drapé» qui résulte du délicat froissage du verre à chaud à l'aide de pinces ou de gants en amiante. Cette fameuse «touche» Tiffany connut son apogée entre 1895 et 1910 dans toute l'Amérique du Nord. D'abord tenté par la peinture, Louis Comfort Tiffany embrassa avec succès la carrière de décorateur, s'inscrivant dans le droit fil de l'héritage de son père. Charles Lewis Tiffany était le fondateur de la Tiffany & Co., une modeste boutique de «nouveautés» et de papeterie devenue – et demeurant encore – une entreprise de joaillerie et d'argenterie parmi les plus prestigieuses.

CI-CONTRE
TED NOTEN
Sac à main
«J'adore les bagues modernes mais je déteste les porter»
1999, acrylique, cuir, bagues en argent, 51 x 26,3 x 7 cm.
Coll. Liliane et David M. Stewart.

CI-DESSOUS
BRUNO MARTINAZZI
Bracelet Goldfinger
1969, or jaune et blanc, 7,5 x 6,5 x 5,5 cm.
Coll. Liliane et David M. Stewart.

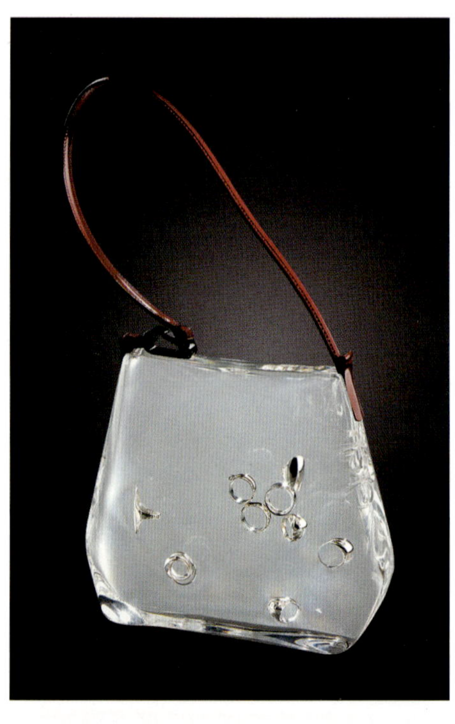

D'OR ET D'ARGENT

Reflets d'une haute exigence et de créativité esthétique, certains objets de la vie quotidienne sont produits en pièce unique ou en édition limitée. Ennoblis par l'utilisation de matériaux précieux, ils s'éloignent du concept traditionnel du bijou-parure ou du simple ornement produit à la chaîne pour accéder au statut d'œuvre d'art. L'exceptionnelle théière [ill. page de droite, en haut] de 1879 réalisée par l'Anglais Christopher Dresser incarne une modernité intemporelle. Avec ses lignes épurées, sa forme géométrique et son apparente simplicité, cette icône du design – dont il n'existe que deux exemplaires au monde – témoigne brillamment de la réforme du design Art & Crafts en Angleterre. Le designer Riccardo Dalisi puise l'inspiration de sa cafetière ToTò [ill. page de droite en bas, à droite] dans les Walt Disney de son enfance comme en témoigne cet étonnant et rare prototype. Muté en sculpture portable, le bijou contemporain transcende les lois du genre. L'Italien Bruno Martinazzi est sculpteur et orfèvre, spécialisé dans le travail de l'or et de la pierre. Passionné d'anatomie, c'est tout naturellement qu'il a créé un bracelet en forme de main dont les doigts enserrent le poignet à parer… Tel est pris qui croyait prendre ! Objet d'exposition, le sac à main plein d'humour du joaillier hollandais Ted Noten, intitulé *J'adore les bagues modernes mais je déteste les porter,* emprisonne et dévoile des bagues en argent dans un bloc de Plexiglas [ill. ci-dessus].

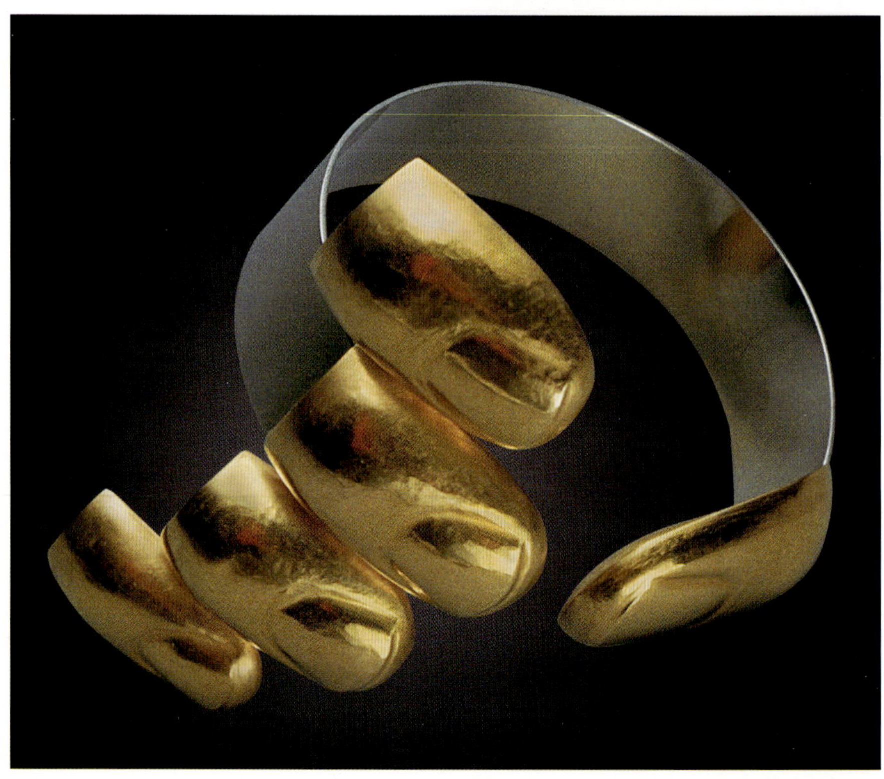

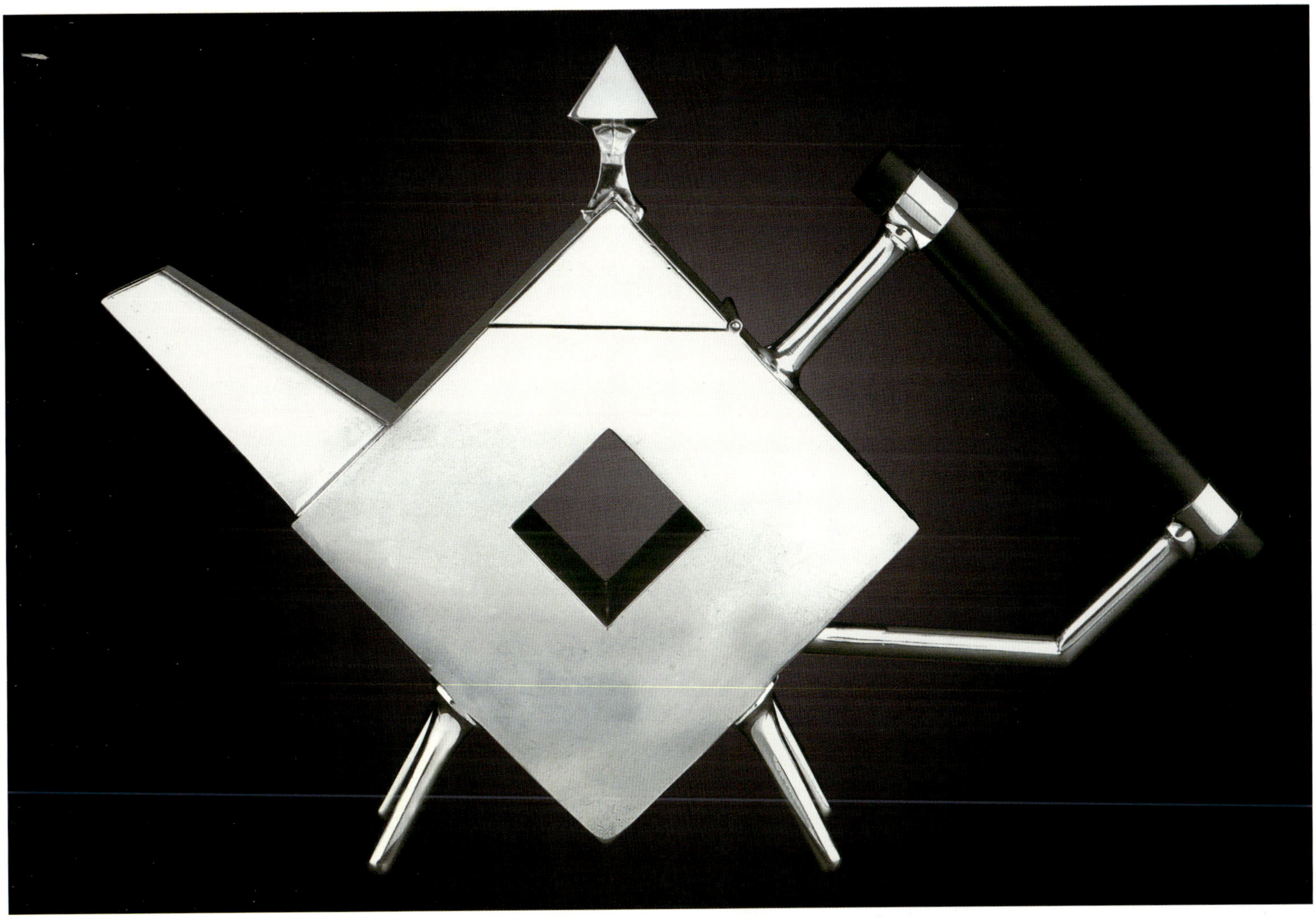

CI-DESSUS
CHRISTOPHER DRESSER
Théière
Vers 1879, argent plaqué et ébène, 16,9 x 25,1 x 5,4 cm.
Achat, subvention des biens culturels mobiliers accordée par le ministère du Patrimoine canadien en vertu de la Loi sur l'exportation et l'importation de biens culturels, fonds de la campagne du Musée 1988-1993 et fonds Deirdre Stevenson.

CI-CONTRE À GAUCHE
RICCARDO DALISI
Cafetière napolitaine modèle 90018
1988, acier inoxydable, bois, édité par Alessi, 25,4 x 27,4 x 9,5 cm.
Coll. Liliane et David M. Stewart.

CI-CONTRE À DROITE
RICCARDO DALISI
Prototype de cafetière ToTó
1987, fer-blanc, laiton, cuivre, édité par Alessi, 32,4 x 21 x 12,1 cm.
Coll. Liliane et David M. Stewart.

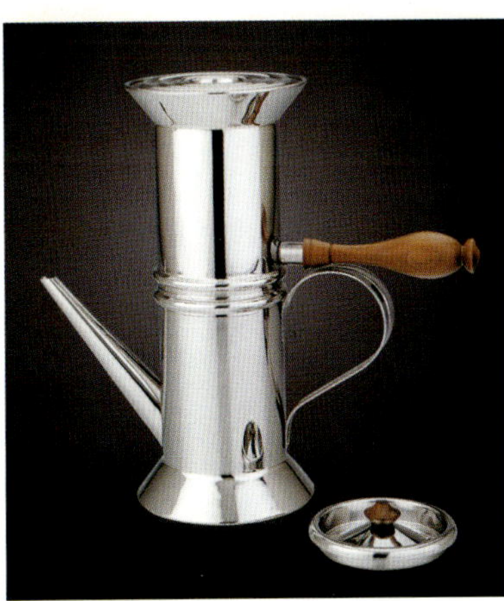

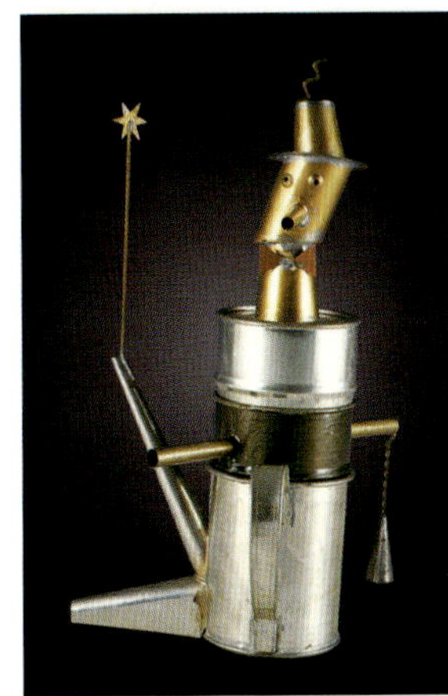

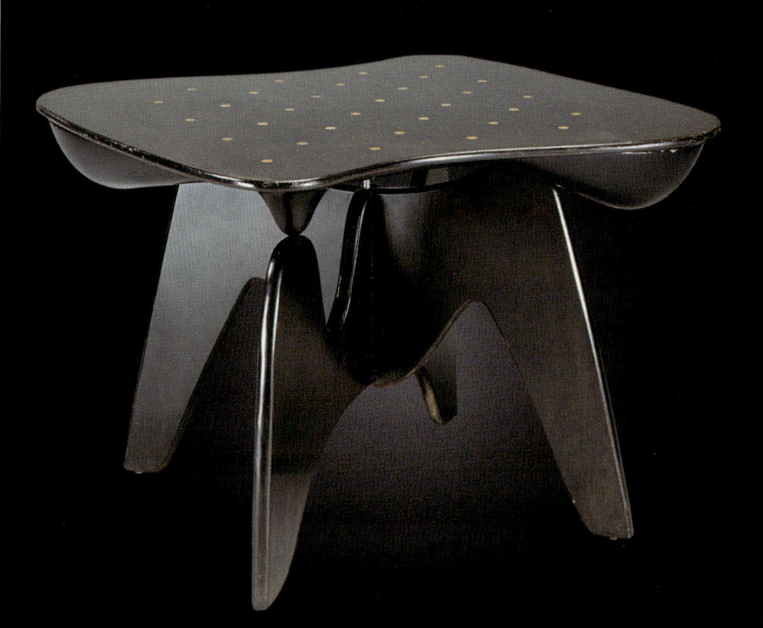

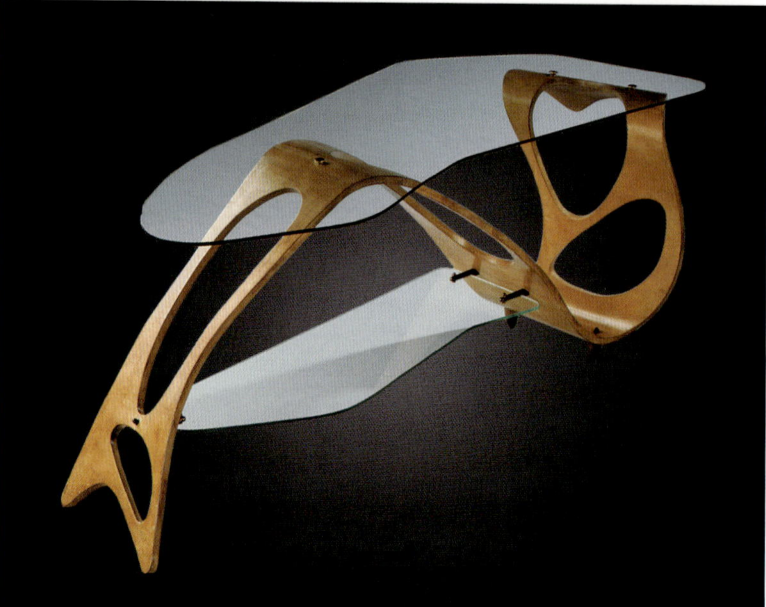

CI-CONTRE EN HAUT
ISAMU NOGUCHI
Table d'échecs
Vers 1947, contreplaqué noirci, aluminium, plastique encastré, édité par Herman Miller Furniture Co., 48,8 x 86 x 77,6 cm. Coll. Liliane et David M. Stewart, don de Jay Spectre, par échange.

CI-CONTRE AU CENTRE
CARLO MOLLINO
Table
Conçue en 1950, réalisée en 1951, contreplaqué à parement d'érable, verre, laiton, 50,2 x 122 x 49,5 cm. Coll. Liliane et David M. Stewart.

CI-CONTRE EN BAS
FRONT
Table et chaise
Série «Sketch», 2005, nylon, laque pour automobile, 62,5 x 58 x 48 cm (table) ; 78 x 48 x 53 cm (chaise). Achat, fonds commémoratifs Cynthia Dobell.

PAGE DE DROITE
TEJO REMY
Chiffonnier «You Can't Lay Down Your Memories»,
1991, érable, tiroirs recyclés, coton, édité par Droog Design, 134,5 x 136 x 69 cm. Coll. Liliane et David M. Stewart.

UN MOBILIER À L'ESPRIT LIBRE

Une table dont le piètement semble s'alanguir au sol. Une autre, toute sculpturale en noir, comme émergée d'une rêverie surréaliste. Des tiroirs qui dégringolent et des assises façon croquis jeté à la hâte… Ce mobilier-là, objets uniques ou en édition très limitée, incarne un certain esprit du design. Celui du fonctionnel aux formes libres, loin des codes du rationalisme de l'après-guerre : le design biomorphique pour la table d'échecs conçue par le sculpteur Isamu Noguchi [ill. ci-contre en haut] ou le meuble tout en courbes féminines de Carlo Mollino [ill. ci-contre au centre]. Grâce aux nouvelles technologies, le collectif suédois Front a réalisé l'impossible : cette table et cette chaise en nylon ont été conçues grâce à un processus original matérialisant des croquis faits main par le programme «Motion Capture», plutôt familier du cinéma et des jeux vidéo [ill. ci-contre en bas]. Les mouvements des designers esquissant du doigt leur meuble dans l'espace sont captés et enregistrés en fichiers 3D. De ces données naîtra la série «Sketch» par prototypage rapide. Dans une même veine expérimentale et ingénieuse, le collectif hollandais Droog Design [ill. page de droite] ne cesse d'osciller, depuis sa création en 1994, entre recherches technologiques, recyclage et savoir-faire, allant parfois jusqu'au bricolage ! Une façon de lutter avec humour contre la standardisation de notre environnement.

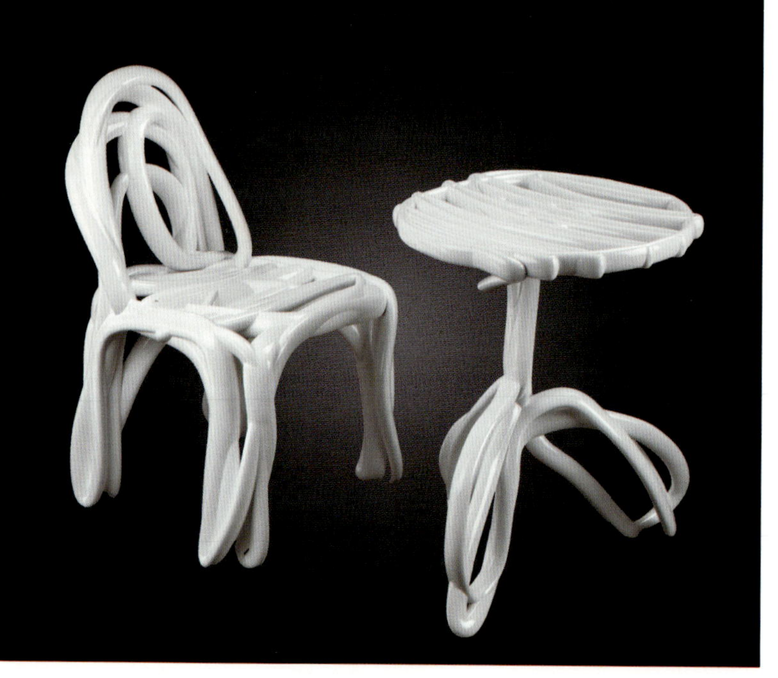

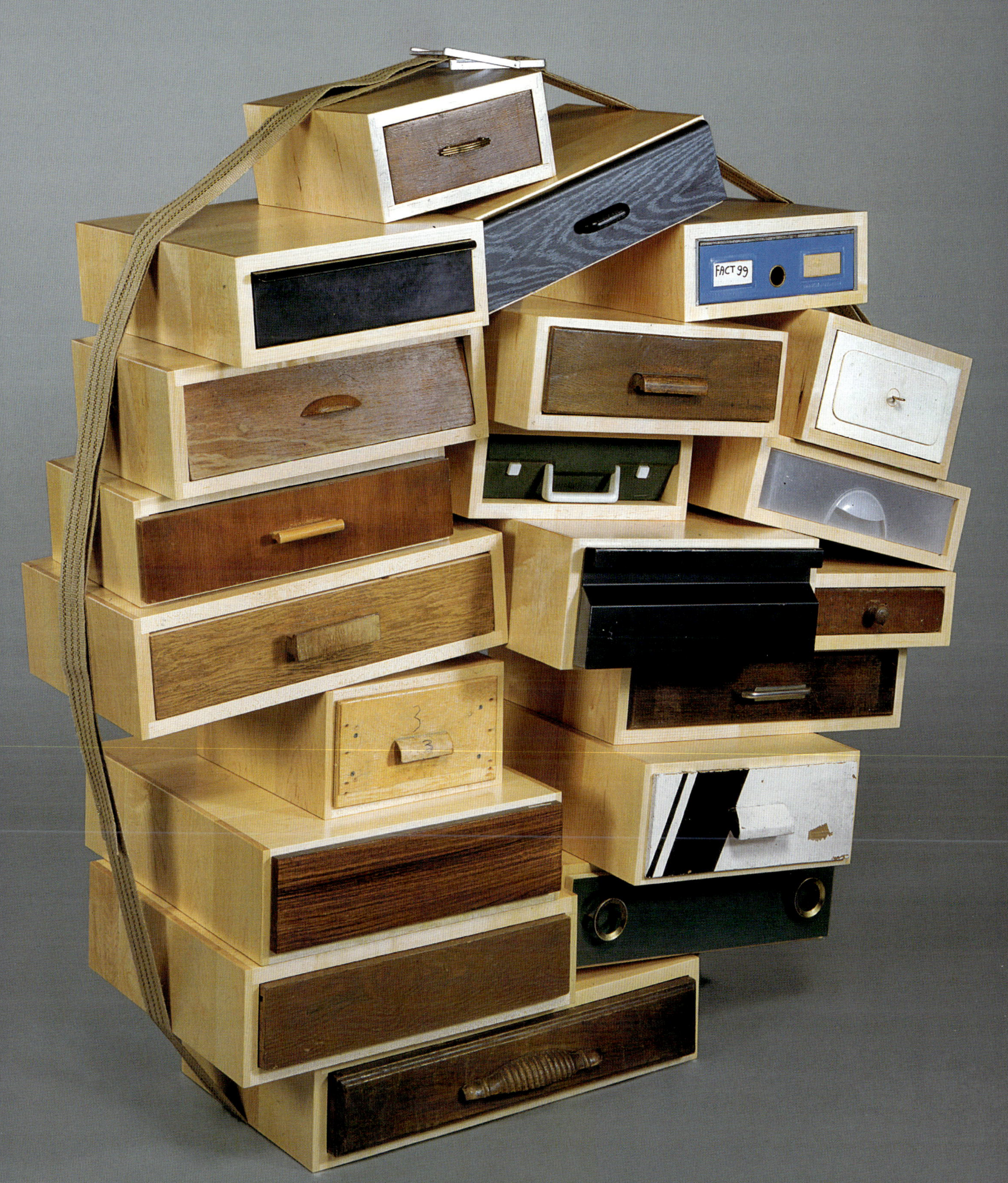
FACT 99

CI-CONTRE
ROSELINE DELISLE
Jarre couverte, quadruple 9.95
1995, biscuit de porcelaine partiellement engobé, haut. 56,3 cm.
Coll. Liliane et David M. Stewart.

Jarre couverte, triptyque 11.95
1995, biscuit de porcelaine partiellement engobé, haut. 27 cm.
Coll. Liliane et David M. Stewart.

Jarre, quadruple 7 Paratonnerre
1989, biscuit de porcelaine partiellement engobé, haut. 52 cm.
Coll. Liliane et David M. Stewart.

© QUÉBEC ET CANADA

Montréal, Ville Unesco de design, offre l'occasion de découvrir des échantillons de la créativité québécoise et canadienne contemporaine dans les domaines des arts appliqués et du design. De structure épurée, le tabouret «Mountie» [ill. ci-contre] est une icône parfaitement québécoise : sa couleur rouge est celle de la police montée canadienne, sa poignée renvoie au pommeau des selles des forces de l'ordre. Son assise propose une réflexion sur la babiche, ces lanières de peau animale étaient autrefois utilisées pour garnir des chaises rustiques à l'époque de la Nouvelle-France : le chevreuil, l'orignal, le caribou mais aussi l'anguille dans les villages le long du fleuve Saint-Laurent. La peau de vache est aujourd'hui préférée comme c'est le cas pour le siège de Samare. Autres pièces iconiques, le fauteuil et son repose-pieds, réalisés par le célèbre architecte d'origine canadienne Frank Gehry [ill. page de droite en bas]. Le nom de ce mobilier – *Little Beaver* ou «Petit Castor» – évoque avec humour l'animal emblématique du Canada, infatigable bâtisseur : la superposition des couches de carton imite la manière dont le rongeur bâtit ses abris dans la nature. C'est à d'autres magiciens de la faune – les sorcières – que Laura Donefer, virtuose du verre, rend hommage avec *Le Chaudron de sorcière africain* [ill. page de droite en haut]. Surmontée d'une anse en fils colorés d'où surgit une griffe d'animal, cette imposante sculpture en verre est travaillée au chalumeau puis peinte de lignes orange, rouges, jaunes et blanches. Elle est caractéristique de l'inventivité des maîtres verriers du «Studio Glass», un mouvement esthétique américain très actif, dont le Musée possède une impressionnante collection. Les formes dynamiques en délicat équilibre des jarres de la céramiste québécoise, Roseline Delisle, ont aussi leur part de fantaisie [ill. ci-dessus]. Basées sur le triangle et le cône, elles épousent les lignes des avions, des bombes, des châteaux d'eau ou des figures constructivistes imaginées par Oskar Schlemmer pour le théâtre du Bauhaus dans les années 1920.

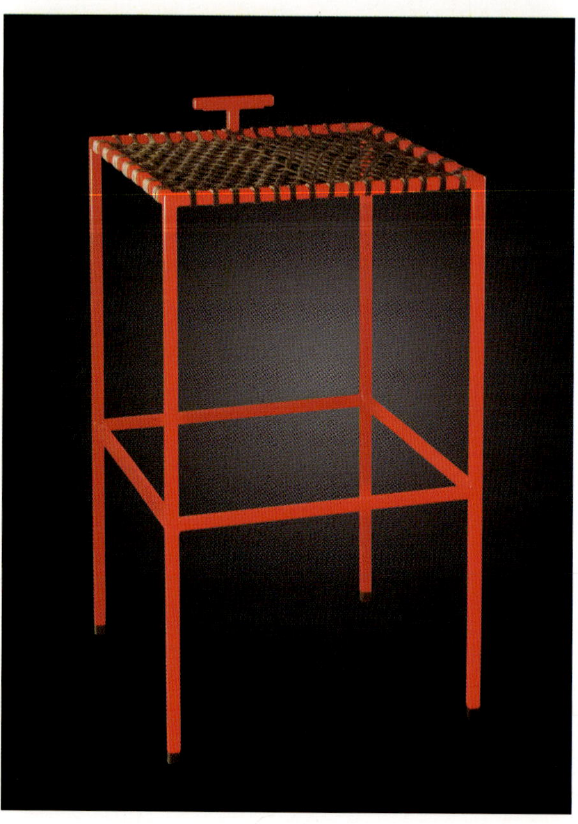

CI-DESSOUS
SAMARE
Tabouret Mountie
2007, acier peint, babiche, édité par Samare, 63 x 46 x 46 cm.
Achat, fonds de la famille T. R. Meighen.

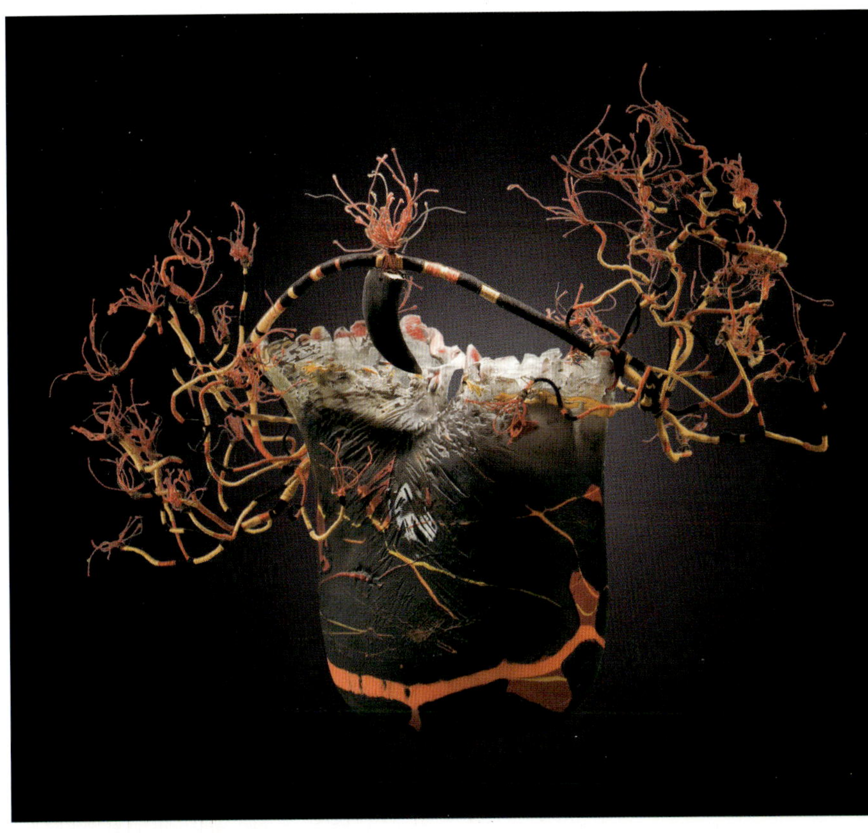

CI CONTRE
LAURA DONEFER
Le Chaudron de sorcière africain
1988, verre soufflé, matériaux divers,
35,6 x 27,9 x 22,9 cm.
Coll. Anna et Joe Mendel.

CI-DESSOUS
FRANK GEHRY
Fauteuil et repose-pieds
Little Beaver
Série «Experimental Edges»,
1979, carton ondulé,
édités par New City Editions,
86,3 x 85,6 x 104,1 cm (fauteuil) ;
43,2 x 49,5 x 55,9 cm (repose-pieds).
Coll. Liliane et David M. Stewart.

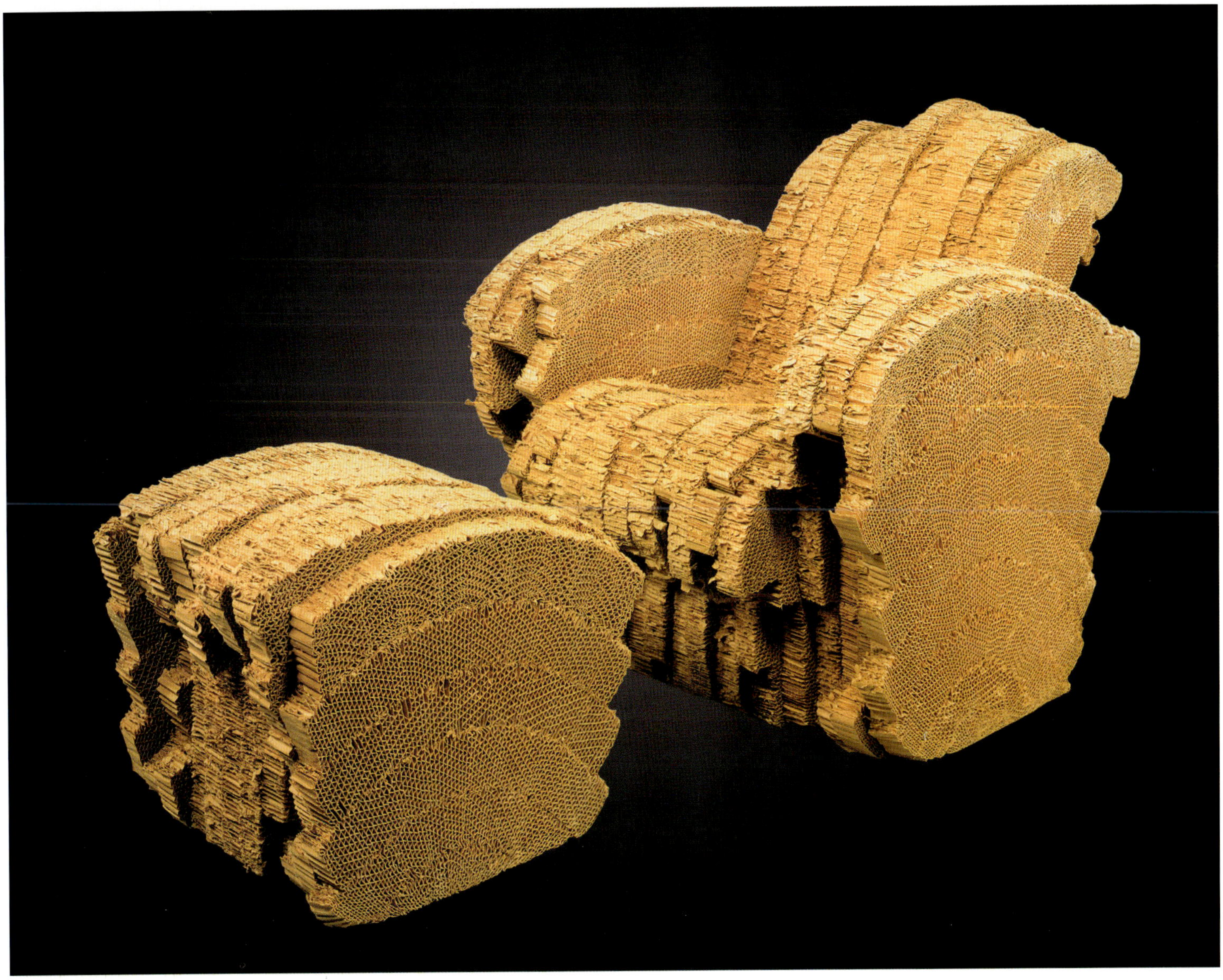

UN FAUTEUIL AU MUSÉE

DE GAUCHE À DROITE ET DE HAUT EN BAS

CARLO BUGATTI
Fauteuil
Vers 1895, bois parchemin, laiton, soie, 149 x 75 x 58 cm. Achat, fonds de la Deustche Bank.

CHARLES RENNIE MACKINTOSH
Fauteuil
1898-1899, chêne, fabriqué par Francis Smith & Son, 84 x 62,4 x 45 cm. Achat, don de Peter et Grier Cundill à la mémoire de leur mère, Mme Ruth Cundill et fonds Alain Laferrière.

LARS KINSARVIK
Fauteuil style Viking
Vers 1900, bois peint, 94,5 x 55 x 61,5 cm. Achat, fonds de la Deustche Bank.

JOSEPH HOFFMANN
Fauteuil inclinable «Sitzmaschine»
Vers 1908, hêtre, bois laminé, édité par Jacob & Joseph Kohn, 112 x 68 x 123 cm. Achat, fonds de la Deustche Bank.

GERRIT THOMAS RIETVELD
Chaise rouge-bleu
Conçue en 1918, fabriquée dans les années 1960, bois, exécutée par Gerard Van der Groenekan, 87 x 66 x 80 cm. Achat, fonds de l'Association des bénévoles du Musée des beaux-arts de Montréal.

EERO SAARINEN *Fauteuil Womb*
Modèle n° 70, 1946, polyester armé de fibre de verre, acier, vélin, édité par Knoll associates, 92,3 x 102,5 x 91 cm. Coll. Liliane et David M. Stewart, don de Muriel Kallis Newman.

FINN JUHL
Fauteuil Chieftain
Modèle P4-107, 1949, teck, mousse de polyuréthane, cuir, édité par Niels Vodder, fabriqué par Ivan Schlechter, 93 x 101,5 x 89 cm. Coll. Liliane et David M. Stewart.

GEORGE NELSON
Prototype de fauteuil
Vers 1955, bouleau lamellé, garniture de laine et bourre de coton, 79,5 x 59,6 x 48,7 cm. Coll. Liliane et David M. Stewart.

GRUPPO DAM & STUDIO GRUPPO 14
Chaise Libro
1970, mousse de polyuréthane, vinyle, jute, acier, éditée par Modernato Gruppo Industriale Busnelli, 78,5 x 84 x 132 cm. Don de Joseph Menosky à la mémoire de sa femme Diane, et de Shiva et Shelby à l'occasion du 150e.

ALESSANDRO MENDINI
La Poltrona di Proust
Exemplaire de 2001, bois et tissu peints, mousse de polyuréthane, passementerie, peinture : Claudia Mendini, édité par l'Atelier Mendini, 106 x 102 x 92,5 cm. Achat, fonds de la Campagne du Musée 1988-1993.

NIKI DE SAINT PHALLE
Fauteuil Clarice
1981-1982, polyester peint, édité par Plastiques d'art R. Haligon, 120 x 112,5 x 88,9 cm. Coll. Liliane et David M. Stewart.

GAETANO PESCE *Fauteuil*
Conçu en 1986, réalisé en 1987, feutre de laine imprégné de résine polyester, chanvre, acier inoxydable, coton, 127,6 x 105,4 x 67,3 cm. Coll. Liliane et David M. Stewart.

SHIRO KURAMATA
Fauteuil Miss Blanche
1988, acrylique, roses artificielles, aluminium tubulaire teinté, édité par Ishimaru, 94 x 63 x 64 cm. Coll. Liliane et David M. Stewart.

RON ARAD *Fauteuil Big Easy Volume II*
1988, acier doux, fabriqué par One-Off, 101,9 x 136 x 97,8 cm. Coll. Liliane et David M. Stewart.

RICCARDO DALISI *Banc Mariposa*
1989, acier peint, édité par Zanotta, 88 x 102 x 59 cm. Coll. Liliane et David M. Stewart.

MASANORI UMEDA *Fauteuil Getsuen*
1990, velours de coton, mousse de polyuréthane, dacron, polyéthylène, fer laqué, acier, édité par Edra, 83,2 x 100,4 x 92,1 cm. Coll. Liliane et David M. Stewart.

FERNANDO & HUMBERTO CAMPANA
Chaise Corallo
1993-1998, fil d'acier recouvert de peinture époxy, édité par Edra, 93,9 x 140 x 102 cm. Don de Edra S. p. A.

MATHIAS BENGTSSON
Fauteuil Vertical Sliced
2001, carton ondulé, 83,5 x 95 x 70 cm. Coll. Liliane et David M. Stewart.

DANFUL YANG *Fauteuil Fake*
2007, bois teint et vernis, feuille d'or, fragments de sac à main, édité par XYZ Design, 94,8 x 76,5 x 77,3 cm. Achat, fonds de la Campagne du Musée 1988-1993.

JORIS LAARMAN
Berceuse Bone Rocker
2008, résine de marbre moulé, 68 x 88 x 92 cm. Achat, legs Edith Low-Beer.

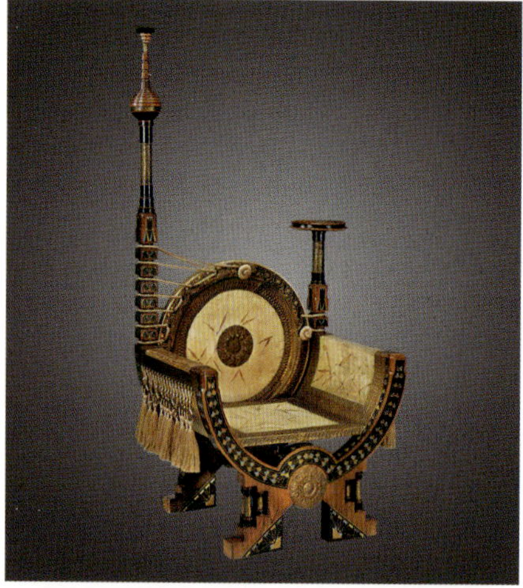

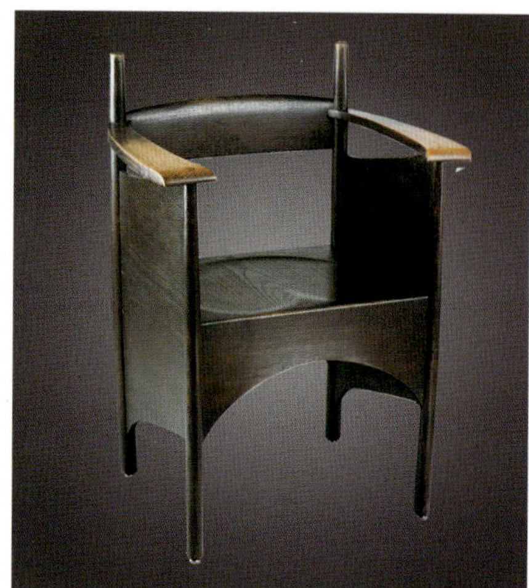

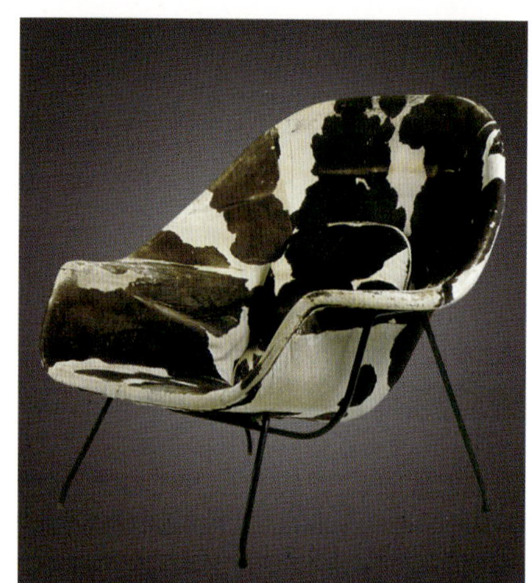

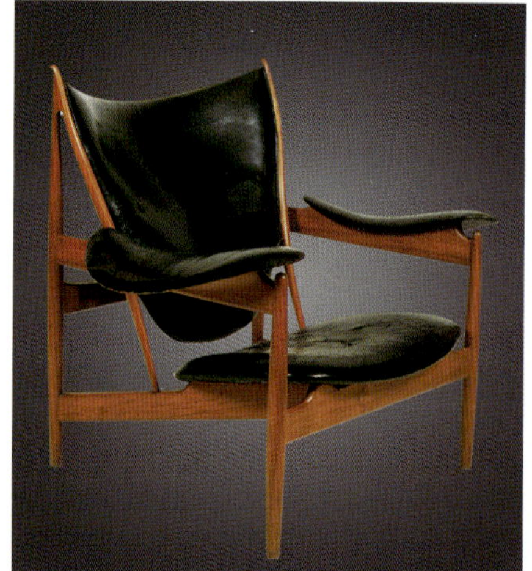

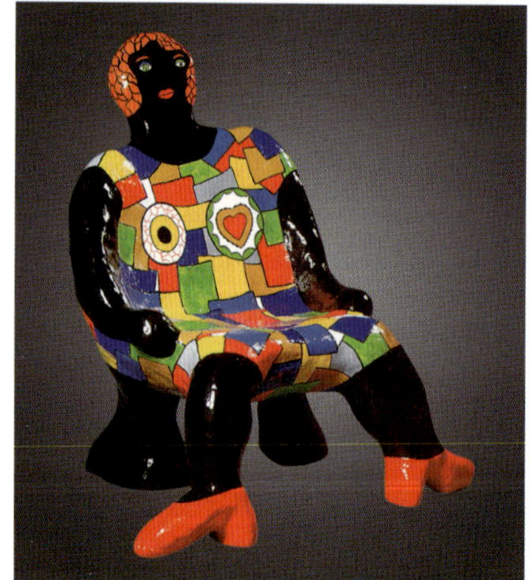

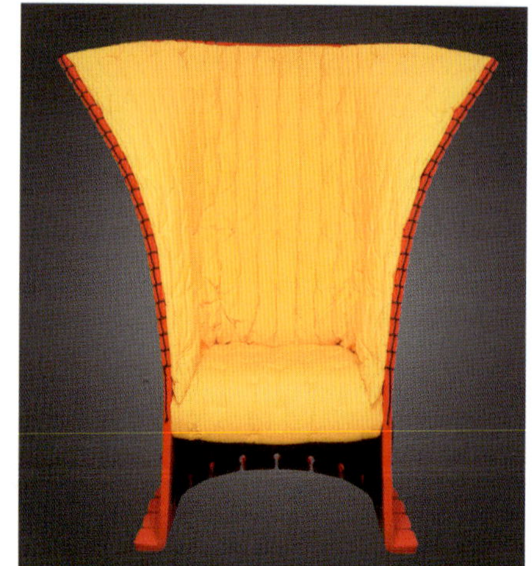

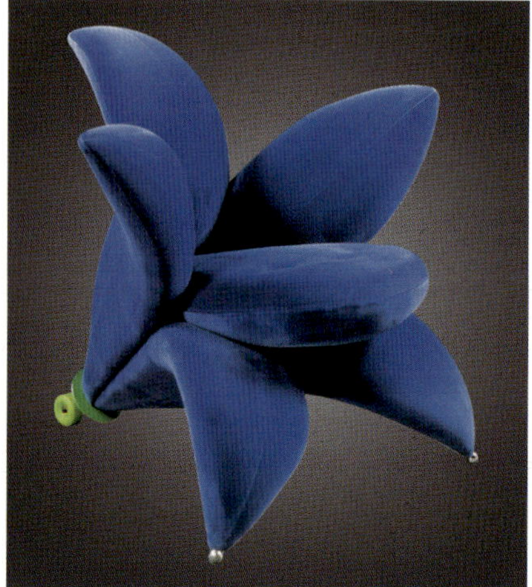

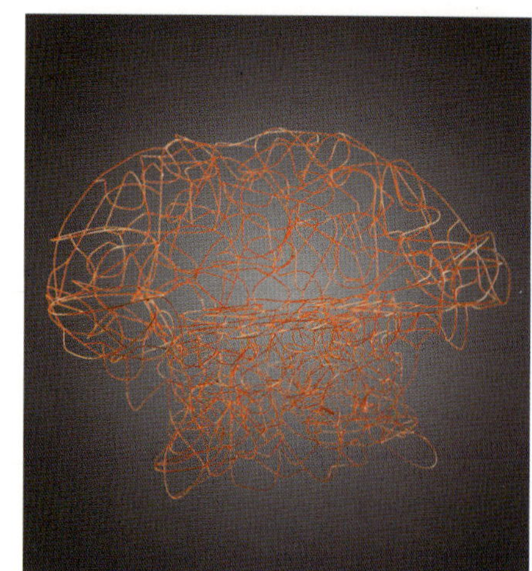

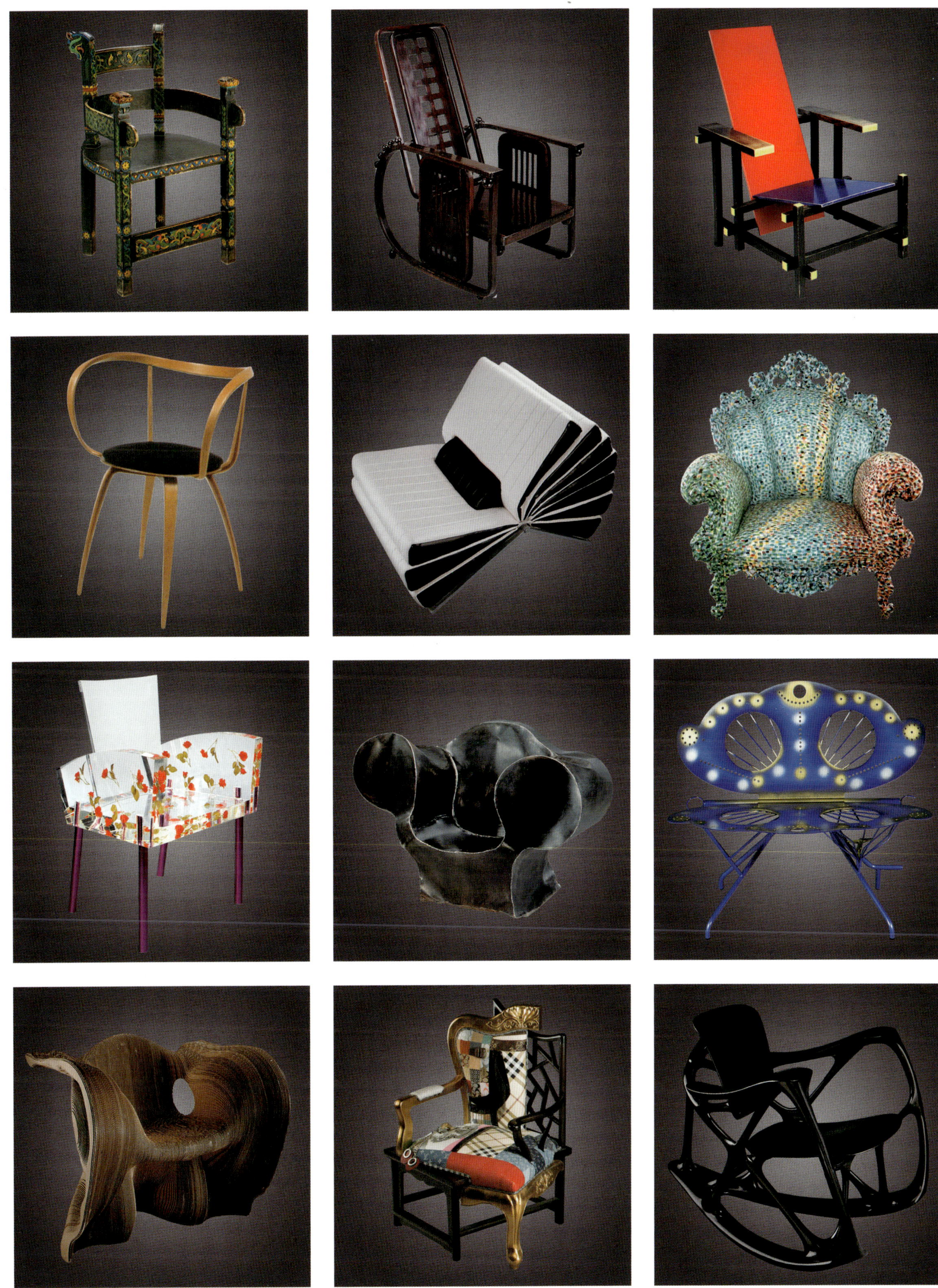

LE MUSÉE DES BEAUX-ARTS DE MONTRÉAL, UNE RICHE COLLECTION GRATUITE POUR TOUS

Fondé en 1860, c'est le plus ancien musée des beaux-arts du Canada. Plus de 600 000 visiteurs annuels visitent cette collection encyclopédique. À la fois «Museum» et «Gallery», cet ensemble muséal d'envergure rassemble des collections de cultures anciennes, d'arts décoratifs et de design, mais aussi des collections de peintures, de sculptures et d'arts graphiques depuis les maîtres anciens jusqu'à l'art contemporain. Nouvellement réinstallées, ces collections se divisent en quatre pavillons : le pavillon des cultures anciennes (Michal et Renata Hornstein) ; le pavillon des arts décoratifs et du design (Liliane et David M. Stewart) ; le pavillon des beaux-arts (Jean-Noël Desmarais) ; enfin le nouveau pavillon d'art québécois et canadien (Claire et Marc Bourgie). Grâce à sa nouvelle salle de concert professionnelle de 444 places, la Salle Bourgie, magnifiquement ornée de vitraux Tiffany, le Musée intègre désormais la musique pour découvrir les arts visuels grâce à des concerts et des conférences, des promenades musicales organisées avec la Fondation Arte Musica. Au carrefour des disciplines artistiques (beaux-arts, musique, cinéma, mode, design), le Musée se démarque par ses expositions temporaires originales, ses scénographies innovatrices, sa programmation internationale et ses publications scientifiques, distribuées dans le monde toujours en deux versions, anglaise et française. Grâce aux nouveaux espaces éducatifs de la Fondation Michel de la Chenelière, le Musée accueille plus de 100 000 personnes par année pour ses programmes éducatifs, culturels et communautaires.

MUSÉE DES BEAUX-ARTS DE MONTRÉAL
1380 rue Sherbrooke Ouest • Montréal (Québec) Canada
Renseignements : + 1 514 285 2000 • www.mbam.qc.ca
Collections et expositions accessibles du mardi au vendredi de 11 h à 17 h, samedi et dimanche de 10 h à 17 h ; les expositions payantes sont également ouvertes le mercredi, jeudi et vendredi jusqu'à 21 h ; le Musée est fermé le lundi.

BIBLIOGRAPHIE SÉLECTIVE DES COLLECTIONS DU MUSÉE

GEORGES-HÉBERT GERMAIN, *Un musée dans la ville. Une histoire du Musée des beaux-arts de Montréal,* Musée des beaux-arts de Montréal, Montréal, 2007.

DAVID HANKS, *Un siècle de design,* Flammarion, Paris, 2010.

JACQUES DESROCHERS (SOUS LA DIR), *Art québécois et canadien. Collection du Musée des beaux-arts de Montréal* – volume I, Musée des beaux-arts de Montréal / La Martinière, 2011.

NATHALIE BONDIL (SOUS LA DIR.), *Cultures anciennes et beaux-arts. Collection du Musée des beaux-arts de Montréal* – volume II, Musée des beaux-arts de Montréal / La Martinière, 2012.

ROSALIND PEPALL ET DIANE CHARBONNEAU (SOUS LA DIR.), *Arts décoratifs et design du Musée des beaux-arts de Montréal* – Volume III, Musée des beaux-arts de Montréal / La Martinière, 2012.

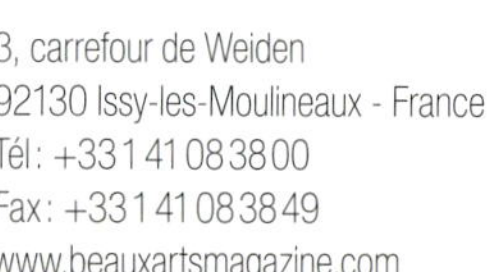

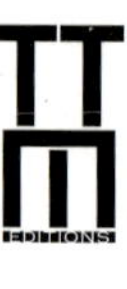

Cet ouvrage est une publication de Beaux Arts / TTM éditions

3, carrefour de Weiden
92130 Issy-les-Moulineaux - France
Tél : +33 1 41 08 38 00
Fax : +33 1 41 08 38 49
www.beauxartsmagazine.com
RCS Paris B 435 355 896

PRÉSIDENT Thierry Taittinger
DIRECTEUR Claude Pommereau
ÉDITRICE DÉLÉGUÉE Marie-Hélène Arbus
DIRECTRICE DES PARTENARIATS Marion de Flers
DIRECTEUR ARTISTIQUE Bernard Borel
CHEF DE PRODUIT Charlotte Ullmann

COORDINATION ÉDITORIALE Malika Bauwens
CRÉATION GRAPHIQUE Alice Andersen
ICONOGRAPHE Alexandra Buffet
TRADUCTION Valentina Baslyk
TEXTES Malika Bauwens, Florelle Guillaume, Charlotte Ullmann

NOUS TENONS À REMERCIER POUR LEUR AIDE PRÉCIEUSE :
Nathalie Bondil, Pascal Normandin, Danielle Champagne, France Trinque, Marie-Claude Saia, Sabine Moinet.

ISBN 978-2-84278-861-2
DÉPÔT LÉGAL Septembre 2011
PHOTOGRAVURE Lithoart New, Turin
IMPRESSION Clerc, Saint-Amand Montrond
[Printed in France]

DIFFUSION LIBRAIRIES FRANCE
clients UD Flammarion Diffusion
commandesclients@union-distribution.fr
tél. +33 1 41 80 20 20

DIFFUSION LIBRAIRIES CANADA
Socadis
Socinfo@socadis.com
tél. +1 800 361 28 47

AUTRES LIBRAIRIES
Thierry Massip +33 1 41 08 38 04

VENTE PAR CORRESPONDANCE
DIP – Beaux Arts magazine 18 / 24, quai de la Marne, 75164 Paris Cedex 19 - France, +33 1 44 84 80 38

CI-CONTRE
NAM JUNE PAIK
Gendarmerie royale du Canada
1989, boîtiers de téléviseurs et de radios, écrans de téléviseurs couleur, vidéodisque et lecteur, cheval de bois, chapeau de feutre, distributeurs amplificateurs, modulateur RF, blocs d'alimentation, câblage, ventilateurs, 234,5 x 112 x 119 cm. Don d'Esperanza et Mark Schwartz.

4e DE COUVERTURE
JIM DINE
Cœurs jumeaux de six pieds
1999, bronze peint et patiné, 206 x 272 x 158 cm. Don de l'International Friends of the Montreal Museum of Arts.